인터넷
카르마

NET KARMA : JAAKU NA VIRTUAL SEKAI KARA NO DASSHUTSU
©Shizuka Sasaki 2018
First published in Japan in 2018 by Kadokawa Corporation, Tokyo.
Korean translation rights arranged with Kadokawa Corporation, Tokyo through BC Agency.

이 책의 한국어판 저작권은 BC에이전시를 통해 저작권자와 독점계약을 맺은
(주)조계종출판사에 있습니다. 저작권법에 의해 한국 내에서 보호를 받는 저작물이므로
무단전재와 복제를 금합니다.

인터넷 카르마
잊혀질 권리가 사라진 세상

1판1쇄 인쇄	2021년 6월 15일
1판1쇄 발행	2021년 6월 22일
지은이	사사키 시즈카
옮긴이	법장
발행인	정지현
편집인	박주혜
대표	남배현
기획	모지희
책임편집	박석동
마케팅	조동규, 김관영, 조용, 김지현
디자인	동경작업실
펴낸곳	모과나무
편집위원	덕문, 동은, 법장, 이미령, 심정섭, 이세용, 박석동
주소	서울시 종로구 삼봉로 81 두산위브파빌리온 232호
전화	02-720-6107~9
전송	02-733-6708
등록	2006년 12월 18일 (제2009-000166호)
구입문의	불교전문서점 향전(www.jbbook.co.kr) 02-2031-2070~1
ISBN	979-11-87280-47-7 (03220)

모과나무는 (주)조계종출판사의 단행본 브랜드입니다.
잘못된 책은 구입하신 서점에서 교환해드립니다.

 지혜의 향기로 마음과 마음을 잇습니다.

인터넷 카르마

Internet Karma
잊혀질 권리가 사라진 세상

사사키 시즈카 지음
법장 옮김

사람이 행한 선악의 행위는
전부 빠짐없이 기록된다.

—

기록된 선악의 행위는
업이라는 잠재적 에너지가 되어 보존되고,
언젠가 반드시 어떠한 형태로든
본인에게 그 결과를 가져온다.

—

업의 에너지가 결과를 가져오는 경우
그것이 어떠한 형태로 나타나는가는
예측 불가능하며,
원인이 된 선악의 행위에서
그 결과를 추측할 수도 없다.

—

한국어판 서문

'인터넷은 인간을 행복하게 해주는가'라는 질문에 대답하는 것은 어렵습니다. 인터넷은 틀림없이 우리의 생활을 편리하게 해주고, 더욱 많은 정보를 제공해줍니다. '인터넷이 있어서 좋다'라고 느끼는 것들도 많습니다. 그러나 그것이 '우리들 한 사람 한 사람의 인생을 행복으로 이끄는가' 하는 것은 별개의 문제입니다. 인터넷으로 인해 마음의 병이 생기거나, 혹은 스스로 목숨을 끊는 사람까지 있는 것을 보면 '인터넷에는 무서운 독이 들어있다'는 것을 실감합니다.

이 책에서는 그러한 인터넷이 지닌 어두운 부분에 초점을 두고, 거기에 잠재된 흉악성의 본질을 불교사상과 대비하면서 살펴보았습니다. 키워드는 '업業'입니다. 2,500년 전에 석가모니 부처님이 설하신 '업의 무서움과 그것에서 벗어나는 방법'이 21세기 인터넷 사회에서 고통받는 사람들에게도 유효한 '삶의 지침'이 되리라 제언하는 것이 이 책의 최대 목적입니다.

급속한 인터넷 사회의 발전으로 가치관이 근본적으로 전환되고 있는 것은 한국도 일본도 마찬가지일 겁니다. 일본어로 쓴 이 책이 이번에 한글로 번역되어 한국에 계신 분들에게도 소개된다는 것이 정말로 기쁩니다. 한국에서도 인터넷 폭력으로 괴로워하는 분들이 상당할 거라고 생각합니다. 그런 분들을 위해 이 책이 조금이나마 의지가 되고 도움의 손길이 될 수 있다면 무엇보다 기쁘겠습니다.

이 책을 번역해주신 법장 스님은 제가 교편을 잡고 있는 하나조노 대학(花園大學)에서 불교학을 전공으로 최단 기간에 박사학위를 취득한 훌륭한 학승입니다. 현대의 인터넷 사회에서 자랐으며 불교사상을 깊이 사유하고 일본어에도 매우 능통하여 이 책을 번역하는 데 최적의 인물입니다. 그런 법장 스님이 이 책을 본인 스스로 나서서 번역을 해주셨습니다. 한국분들에게 도움이 되었으면 좋겠다는 자비의 마음으로 하셨다고 생각합니다. 현대의 인터넷 사회이든 2,500년 전 석가모니 부처님 시대이든 사람을 구하는 최고의 힘은 언제나 '다른 사람을 생각하는 자비의 힘'입니다. 제 자신도 그런 마음으로 이 책을 썼고 지금 법장 스님도 같은 마음으로 이 책을 번역하셨습니다.

우리 두 사람이 바라는 것은 오직 하나입니다. 인터넷 속의 불합리한 언어폭력에 시달리고 괴로워하며 삶의 즐거움을 잃어버린 분들에게 '인터넷 세계를 넘어 보다 큰 세계에서 살아갈 수 있다'는 확신을 가지게 해드리는 것입니다.

한국에 계신 모든 분들의 건강한 삶을 기원하며, 이 책이 미력하나마 도움이 되기를 마음 깊이 발원합니다.

2020년 10월 2일

사사키 시즈카(佐々木閑)

머리말

'카르마'는 고대 인도의 표현입니다. 이 '카르마'를 우리나라에서는 오래전부터 '업業'이라고 불러왔습니다. 그래서 '인터넷 카르마(Internet Karma)'를 다른 말로 바꾸면 '인터넷의 업'이 됩니다. 인터넷 시대가 되며 우리들은 우리도 모르는 사이에 업이라고 불리는 무서운 감시 시스템 속에 빠져들어 거대한 고통을 받게 되었다는 이야기입니다. 도대체 무슨 말인가 의아해하는 분들도 계실 겁니다.

인터넷 시대가 되서 뭐가 괴롭다는 건가? 인터넷이 보급되어 많은 사람들이 스마트폰이나 컴퓨터를 통해 연결되고, 다양한 정보를 언제든지 손 안에서 얻을 수 있고, 쇼핑이나 은행 업무, 여행 예약 등의 모든 일들을 집 안에서 간편하게 할 수 있게 되었는데 말입니다. 게다가 지구 반대편에 사는 만나본 적도 없는 사람들과 친구가 될 수도 있습니다. 재미있고 편리한 일들만 가득하지 않은가? 인터넷은 인간에게 행복을 가져다주는 궁극의 과학기술이 아닌가? 예전이라면 이런 생각을 가진 분들도 많았을 것이라고 생각합니다. 물론 두말할 필요도 없이 인터넷은 인류의 역사를 바꾼 획기적인 기술 혁명이며, 그로 인해 우리들의 생활이 몇십 배, 몇 백 배나 즐겁고 다양하게 변화되었다는 것 또한 엄연한 사실입니다. 실제 저 역시도 이러한 인터넷 사회 속에서 그 편리성을 크게 활용하고 있는 한 사람입니다. 인터넷 없이는 하루도 살 수 없다는 걸 실감하며 하루하루 살아가는 인간입니다. 이런 인터넷의 힘을 인정하지만, 역시 "인터넷은 우리들에게 큰 고통을 가져다주는 무서운 존재이기도 하다"는 점을 반드시 알려주지 않으면 안 된다는 것이 저의 입장입니다.

저는 고대 인도불교를 연구하는 연구자로, 그 안에 나타난 붓다(부처님)의 가르침이 인터넷 시대의 고통을 없애기 위한 귀중한 지침이 될 수 있다고 생각합니다. 이 책에서는 그러한 붓다의 지혜를 토대로 하여 단순히 인터넷의 무서움을 지적하는 데서 그치지 않고 그 무서움을 없애고 극복하여 살아가기 위해서는 어떻게 하면 되는가 하는 대처방법까지 이야기를 하려고 합니다.

인터넷 사회는 앞으로 그 기능이 더욱 가속화하면서 확대될 것입니다. 아무것도 없던 상태에서 시작해 약 30년 만에 지금과 같이 발전했기에 앞으로 10년, 20년 후에 어느 정도의 새로운 세계가 생겨날지는 누구도 상상할 수 없습니다. 더군다나 여기에 AI(인공지능)까지 보급되면 하나의 생명체와 같은 거대한 시스템이 인류 전체를 관리하는 초월적인 이미지까지 생겨나게 됩니다. 그리고 그러한 경우에 무엇보다 중요한 것은 그 인터넷 세계가 우리들 한 사람 한 사람에게 과연 즐거움을 주는 것인지, 아니면 괴로움을 주는 것인지에 대한 문제입니다.

인터넷이 적어도 어떠한 이익을 준다는 점은 틀림없습니다. 이미 우리들은 인터넷의 편리함을 몸소 체험하고 있습니다. 앞으로 그것이 점점 더 진화되어 간다면 우리의 일상생활은 보다 편리하게 바뀌어 갈 것입니다. '편하게 살고 싶다'는 욕구와 함께 우리들의 모든 생활을 인터넷과 함께 하는 시대가 되는 것입니다.

그러나 다른 시선에서 보면 인터넷이 우리들 삶의 모든 시간을 '보고 있다'는 뜻이 됩니다. 우리들의 모든 민낯을 인터넷에 '보여지며' 살아가는 그런 시대가 온다는 의미입니다. "뭐 괜찮지 않아? 인터넷에 보여져서 뭐가 나쁘다는 건가? 모든 것을 보게 해서 인터넷이 하나부터 열까지 도와주면 우리는 별 걱정없이 편하게 살 수 있을 테니 오히려 좋지 않은가"라는 의견도 당연히 있을 수 있습니다. 그렇게 될 수만 있다면 저 역시도 인터넷 시대를 대환영할 것입니다.

그러나 깊이 생각해보면 그렇게 단순한 문제로 끝나지 않습니다. 인터넷이 하루하루의 생활을 편리하게 해주는 반면, 사람의 마음에 깊은 상처를 주거나, 매일의 삶을 고통의 바다로 바꿔버리는 경우도 있습니다. 인터넷은 사람의 생명을 빼앗을 정도로 무서운 흉기이기도 합니다. 그러한 사실까지도 반드시 인지하고 있지 않으면 안 되는 것입니다.

앞서 '깊이 생각해보면'이라고 말씀드렸는데, 이는 제가 부족한 지식으로 이것저것 상상해보았다는 말이 아니라, 제가 연구하고 있는 불교라는 종교의 가르침에 비춰보면 그렇다는 뜻입니다. 게다가 그것은 다양한 불교의 가르침 속에서도 그 근본이 되는 석가모니 부처님 본인의 가르침입니다. 붓다의 가르침을 토대로 인터넷의 내일을 생각해보면 거기에는 무서운 괴로움의 바다가 나타납니다. 그리고 동시에 그 고통의 바다를 완전히 건너기 위한 방법도 떠오릅니다.

붓다는 2,500년 전 인도에서 불교를 탄생시켰는데, 그때 생각한 것이 '자신의 행동의 모든 것이 기록되어 반드시 그 결과를 받게 된다는 세계가 과연 우리들을 행복하게 해주는 것인가'였습니다. 그리고 그 세계로부터 벗어나기 위해서는 어떻게 하면 되는지, 괴로움을 없애기 위해서는 어떻게 하면 되는지, 그러한 문제를 두고 수 년 간 성찰한 끝에 불교라는 특별한 삶의 방식을 찾아낸 것입니다. '우리들의 모든 행동을 기록하는 시스템'을 불교에서는 '업業'이라고 합니다. 고대 인도어인 산스크리트어로는 'Karma(카르마)'입니다. '업'은 우리들이 행동하는 좋은 일이나 나쁜 일을 모두 기록하고 그것에 맞춰서 여러 가지 결과를 불러일으킵니다. 그 업의 시스템에 사로잡혀 살아가는 것이 우리들에게 견디기 힘든 고통을 준다고 생각한 붓다는 불교를 만들어 냈습니다. 즉 불교라는 종교는 업의 힘으로부터 벗어나는 것을 제1의 목표로 합니다.

21세기에 우리는 본격적인 인터넷 사회에 살게 되었습니다. 그리고 그 사회에서는 '우리들의 모든 것이 기록되고 있으며, 저지른 일에 대해서 반드시 그 결과가 되돌아온다'는 법칙이 작용된다는 점을 이제 사람들이 겨우 알기 시작했습니다. 걸리지 않을 거라고 생각하며 저지른 과거의 행동이 몇 년이나 지난 뒤에 갑자기 표면으로 떠올라 비난의 대상이 되는 사례를 최근 여러 뉴스 등에서 너무나 쉽게 접합니다. 이런 일을 보며 행동의 과보(결과)에 대한 무서움을 실감하고 있는 사람들도 많을 것이라고 생각합니다. 바로 그러한 지점에 새로운 시대의 특징이 잘 나타납니다. 그것은 붓다 시대에 사람들이 생각한 업과 똑같은 법칙입니다. 본문에서 자세히 설명하겠지만 인터넷은 붓다 시대의 업보다도 훨씬 무섭고 악질적인 힘을 지니고 있습니다.

그래서 저는 현대에 등장한 이 새롭고 보다 무서운 업을 '인터넷 카르마'라고 부르기로 했습니다. 이 표현은 제가 만든 것입니다. '인터넷 업'이라고 해도 상관없으나, 자칫하면 '인터넷을 활용하는 직업'처럼 들릴 수 있기에 '카르마'라는 표현을 사용하겠습니다. 앞으로도 우리들은 이 인터넷 카르마의 속박 속에서 삶을 살아가게 됩니다. 이렇다 할 피해도 받지 않으며 아무렇지도 않게 인터넷 세계를 살아가는 사람도 있을 것입니다. 반면 인터넷 카르마로부터 생명을 위협당할 정도의 괴로움을 받아 고통스러워하는 사람도 있을 것입니다.

이 책은 인터넷 사회에서 살고 있는 모든 사람들이 읽어주기를 바라며 쓴 것이 아닙니다. '인터넷은 편하고 좋다', '인터넷 덕분에 편하게 살 수 있어서 행복하다'고 느끼는 사람이 이 책을 읽는다면 뭘 말하고 있는지 도무지 알 수 없을 것입니다. 그러나 인터넷에서 받은 상처를 가슴 깊이 담아두고 가만히 참고 견디다가 아무도 없는 곳에서 홀로 한숨을 내쉬는 그런 이들에게 이 책이 조금이나마 마음의 의지처가 되어줄 수 있지 않을까라는 생각으로 썼습니다. 저는 붓다를 마음 깊이 경애하며 살고 있는 사람으로서, 그 가르침이 2,500년이라는 시간을 초월해 앞으로의 새로운 시대에서 그 가치를 발휘하게 된다면 그 이상으로 바라는 게 없습니다. 저의 부족한 글이 인터넷 카르마 속에서 괴로워하는 사람들에게 조금이라도 도움이 되었으면 하는 마음입니다.

2018년 5월 5일(어린이날)

인터넷
카르마

차례

Internet Karma

007 한국어판 서문

010 머리말

제1장 현대사회의 새로운 고통

025 불교는 스트레스와 싸우기 위해 태어났다
029 고대 인도에서는 무엇이 고통이었는가
034 붓다가 생각한 업과 인과
037 붓다는 「살아가는 것이 고통」이라는 것을 깨달았다
043 「중도」로 살아가는 것이란
048 선善의 불교적 이중 구조
052 선善의 인스턴트화
057 동양적 업의 세계
062 현대사회에 등장한 새로운 「업」과 「고통」
066 기술에는 좋은 것도 나쁜 것도 없다

070 인터넷과 업
075 모든 순간이 시시각각 기록된다
079 업의 세계에 신은 없다
084 보다 악질적인 업
089 일그러진 인과 시스템
094 모든 인간이 「역사의 인물」이 되는가
099 잊혀지지 않는 무서움
103 세대를 초월하는 업
106 끊임없이 받게 되는 업의 과보
109 인터넷에 속박된 고통의 세계에서 벗어나기 위해서

제二장 인터넷 카르마에 대항하기 위해서

115 선과 악의 기준은 무엇인가
121 인터넷 속에 존재하는 선악의 이중 구조

19

173 같은 처지의 사람과 연계
170 세상의 눈은 반드시 변한다
168 세계관의 전환
165 인터넷에서 고통받는 사람들을 위한 조언
161 생로병사 그리고 인터넷
155 인터넷 카르마의 과보를 받는 사람들을 어떻게 도울 것인가
150 「걸리지 않겠지」는 이미 낡은 생각
143 아이들에게 부정적 측면을 가르치기

제三장 인터넷 카르마가 덮쳐온다면

137 자기 자신의 가치관을 세우기
132 인터넷 승가
129 무엇이든 명분을 갖고 살기
124 인터넷의 가치관에서 멀어지기 위해서

177 새로운 세계를 만들어 가겠다는 의지

제四장 붓다의 가르침에서 배우기

183 시대를 초월한 보편성을 지닌 가르침
185 자신을 구하는 것은 자기 자신이다
186 전쟁에서 백만 대군을 이겼다 하더라도
188 남의 잘못은 보지 말라
190 남의 잘못은 쉽게 보이지만
192 우선 자기 자신을 가다듬어야 한다
195 악을 행하면 스스로 더러워진다
197 스스로 자신을 경책하라
199 사람은 입 안에 도끼를 가지고 태어난다
201 자기 자신을 괴롭히지 않고
203 누구라도 다른 사람을 속여서는 안 된다

205 다른 사람으로부터 충고를 받았다면
210 마음에 의지해 모든 곳을 찾아보아도
213 녹이 자신을 갉아 먹듯이
215 만약 나쁜 일을 저질렀다면
217 원한은 원한으로 없애지 못한다
219 모든 길 가운데 가장 훌륭한 길
225 태어남에 천한 사람은 없다
227 부끄럽지 않은 것을 부끄러워하고
230 참된 깨달음을 얻은 자의 가르침

232 **지은이 후기**
235 **역자 후기**

제1장

현대사회의 새로운 고통

불교는
스트레스와 싸우기 위해
태어났다

'현대사회는 이전에는 느낄 수 없었던 스트레스로 가득 찬 사회'라고 불리게 된 것도 이미 오래전 일로 표현 자체도 다소 진부한 느낌입니다. 매년 자살하는 사람의 수가 2만 명 이상이나 되는 현상이 최근 수십 년간 이어지고 있는 것을 생각해보면, 지금의 사회가 한 개인을 강하게 압박하는 구조임이 틀림없습니다. 통계조사를 봐도 최근 감소 경향이 있다고는 하지만, 자살하는 사람의 수가 전쟁 후에 가장 힘들었던 시기보다도 지금이 높은 편이고, 이러한 경향이 모든 연령층에 걸쳐서 일어나고 있다는 점에서도 정신적 스트레스가 사회 전체로 확대되었다는 것을 알 수 있습니다.

'사는 것이 고통'이라는 생각은 인류 역사 속에서 어느 시대, 어느 지역에서나 항상 많은 사람들이 공통으로 가졌습니다. 빈곤의 괴로움, 전쟁이나 재해의 괴로움, 인간관계의 괴로움, 열등감이나 소외감의 괴로움, 그리고 보다 본질적인 것인 늙음과 병에 의한 괴로움 등 인간은 다양한 것으로부터 마음이 짓눌려져 고뇌하다가 스스로 죽음을 선택합니다.

그러나 '인간은 모두 괴로워한다'는 것을 아무리 사람들에게 이해시키기 위해 알려주더라도, 그로 인해 한 사람 한 사람의 괴로움이 나아지는 것은 아닙니다. 한 사람 한 사람이 태어나서 죽을 때까지 수십 년간의 인생은 그 사람만의 체험이기 때문에 모든 사람이 괴로워한다는 사실과는 전혀 별개인 지금 여기에 있는 나 자신만의 괴로움이 있는 것입니다. 그것을 어떻게든지 완화하여 가능하다면 없애고 싶다는 생각으로 세상에 나타난 것이 불교라는 종교입니다.

고대의 종교로 지금 시대의 괴로움을 없앨 수 있을까? 기도하거나 주문을 외우거나 하는 것으로 현대인이 안고 있는 심각한 스트레스에 대항할 수 있을까? 이런 의문을 갖는 사람들도 많을 것입니다. 분명 불교의 의례적인 면만을 본다면 잠시의 안도감을 줄만한 기도 등도 존재하지만, 삶의 방침으로서 우리 인생 전체를 지탱해줄만한 힘은 좀처럼 느낄 수 없습니다. 그러나 불교의 진정한 모습은 결코 그러한 의례나 관습의 세계가 아닙니다. 불교란 어느 시대에도 적용할 수 있는 보편적 세계관을 토대로 '괴로움을 없애는 방법'을 말하는 종교입니다. 그렇기에 불교의 가르침은 거대하고 복잡한 스트레스 사회에서 살고 있는 우리들에게도 반드시 통하게 되어있습니다.

애당초 붓다가 출가한 이유가 자신이 갖고 있었던 '삶의 괴로움', 현대식으로 말하면 인생의 스트레스를 해결하기 위해서였기에 어떤 의미에서 불교는 스트레스와 싸우기 위해서 태어난 종교라고도 말할 수 있습니다.

저 자신도 예전에 상당한 스트레스로 우울증을 겪었던 적도 있었습니다. 육체적 정신적인 부담이 사람의 마음을 병들게 하는 과정을 몸소 경험하였습니다. 저는 지금 이렇게 이 책을 쓸 수 있듯이 정말 운 좋게 그 스트레스로부터 벗어날 수 있었으나 자칫하면 상황에 따라 극단적인 선택을 하게 되었을지도 모릅니다. '죽고 싶을 만큼 괴롭다'는 생각을 상상 이상으로 많은 사람들이 가슴 깊은 곳에 담아두고 있을지도 모릅니다. 나라와 사회가 풍요로워지며 겉보기에는 한 사람 한 사람이 자유롭게 살 수 있는 사회가 된듯하지만 삶의 괴로움은 전혀 해소되지 않은 채로 있습니다.

그래서 이 책에서는 예전의 사람들이 안고 있었던 고뇌를 포함해, 21세기에 등장한 새로운 종류의 '고통'에 대해서도 생각해 볼 것입니다. 어쩌면 그 내용이 이 책의 중심일지 모릅니다.

이렇게 윤택하고 편리한 문명의 시대 속에서 새로운 괴로움이 생겨난다는 것이 도대체 무슨 말인지 의아해할지도 모르겠으나, 이에 대해서는 차근차근 설명하겠습니다. 인터넷의 발달에 따라 지금까지 존재하지 않았던 늙음이나 병의 괴로움에 견줄만한 전혀 새로운 종류의 무서운 괴로움이 계속 생겨나고 있습니다. 그리고 그 새로운 강적에 맞서 대응할 수 있는 방어책이 불교입니다.

고대 인도에서는
무엇이
고통이었는가

"부모의 업보業報가 자식에게 이어진다"라는 말을 들어본 적 있으신지요? 부모가 좋지 않은 일을 했기 때문에 그 악업으로 인해 자식이 불행하게 태어난다는 매우 부정적인 의미의 말입니다. 여기서 말하는 '부모의 업보'라는 것은 부모가 저지른 좋지 않은 일을 의미합니다. 그 좋지 않은 일이 업이 되어 자식에게 그 과보(결과)가 간다는 것입니다. 바꿔 말하면 "부모 업의 과보로 인해 그 자식이 이렇게 된 것이다"라는 말입니다.

그럼 "그 사람은 업이 두텁다"라는 말을 들어본 적 있는지요? 지금 그 사람이 세간의 눈초리를 받고 있는 것은 과거에 지은 나쁜 행동의 과보로 인한 것이기에 어쩔 수 없다는 의미로 이 역시도 매우 부정적인 표현입니다.

두 표현 다 지금은 그다지 사용하지 않지만, 불과 얼마 전까지만 해도 일반적으로 사용하던 표현이었습니다. 이 표현들에 나오는 업보나 업이라는 말은 모두 불교 용어입니다(모두 같은 의미로 사용하는 일이 많기에 이 책에서는 하나로 통일하여 '업業'이라고 하겠습니다).

불교는 잘 아시다시피 붓다라는 인물이 인도에서 만들어낸 종교입니다. 붓다의 본명은 고타마 싯다르타이지만, 수행을 통해 깨달음을 얻었기에 붓다Buddha(고대 인도어로 '눈뜬 자'라는 뜻)라고 불렸습니다. 석가모니 부처님이나 석가세존이라고도 불리는 분을 말합니다. 붓다의 가르침 속에 업 사상도 들어있기에 당연히 이 '업'이라는 말의 근원을 찾아보면 고대 인도까지 거슬러 올라갑니다. 업의 원어는 앞에서도 말했지만 고대 인도어로 '카르마Karma'라고 합니다.

"뭐야 그러면 불교란 처음부터 부정적인 종교였던 건가? 부모의 업보를 자식이 받는다든가, 업이 두터운 사람이라는 등의 편견과 악의로 가득 찬 가르침밖에 없는 게 아닌가?"라고 오해하지 마시길 바랍니다. 이러한 부정적이고 악질적인 표현은 후대 사람들이 원어의 본래 의미를 왜곡해서 만들어낸 것입니다.

예를 들어 '부모의 업보를 자식이 받는다'는 표현은 불교의 가르침과 전혀 관계가 없습니다. 불교에서 업의 과보는 그 업을 만든 본인에게 반드시 되돌아간다고 하기에 부모의 악업에 대한 과보를 자식이 받는 일은 절대로 있을 수 없습니다.

'업이 두터운 사람'이라는 표현도 마찬가지입니다. 사람은 누구라도 과거에 지은 무수한 업을 짊어지고 있다고 생각하기에 '그 사람만이 업이 두텁다'는 것은 있을 수 없습니다. 이 사람도 저 사람도 저도 여러분도 업을 짊어지고 있다는 점에서 우리는 모두 똑같습니다. 업의 본질은 '윤리적으로 좋은 행동을 한 사람은 업의 힘에 의해 미래에 즐거운 환경에 태어나고, 나쁜 행동을 한 사람은 괴로운 환경에 태어난다'는 원칙입니다. 이것이야말로 불교가 설명하는 업의 본질입니다.

그럼 업의 개념을 살펴보면, 이는 붓다 자신이 독자적으로 생각해낸 것이 아니라 불교가 생겨나기 이전부터 이미 인도 사회에서 일반적 통념으로 여겨지던 것입니다. 그렇기에 불교적인 업의 설명에 들어가기 전에 그 근원이 되는 '불교 이전의 업 사상'을 살펴보겠습니다.

불교가 생겨나기 훨씬 전인 붓다의 시대보다도 오래전 인도에 살고 있었던 사람들은 삶과 죽음에 대해 매우 낙천적인 관념을 지니고 있었습니다. 당시에는 사람이 죽으면 어떤 특별한 조건도 없이 모두가 평등하고 행복한 세계에 다시 태어날 수 있다고 여겼습니다. 그곳은 야마(Yama, 夜摩)라는 최고신이 지배하는 낙원이라고 합니다. 그런데 언제부터라고 단정할 수 없지만, 죽은 뒤에 행복한 세계와 불행한 세계가 모두 기다리고 있는 것은 아닌가라는 새로운 생각이 생겨나기 시작했습니다. 이러한 생각이 어디서부터 생겨난 것인지는 명확하지 않습니다. 그러나 점차 '죽은 뒤에 기다리고 있을지도 모르는 무서운 세계' 이른바 지옥의 관념이 생겨난 것을 《베다Véda》(불교보다 오래된 바라문교의 성전)를 읽어보면 알 수 있습니다.

그리고 만약 죽은 뒤에 행복한 세계로 가는 사람과 불행한 세계로 가는 사람의 차이가 있다면, 도대체 무엇이 그것을 결정하는가에 대한 의문이 생기는 것은 당연한 이치입니다. 죽은 뒤 가는 곳에 차이가 있다면 그 원인은 무엇인가? 이런 생각을 가진 사람들이 사후 세계가 어떤 곳인가를 특별한 형태로 정형화해야 할 필요성을 느끼게 되었습니다. 그 결과 만들어진 이론이 '지금 살아가는 인생에서 짓는 선악의 행위가 사후세계에 영향을 준다'는 것입니다. 바로 '업'이란 개념의 탄생입니다.

이 시기는 기원전 6~7세기 정도라고 합니다. 붓다가 불교를 만든 것이 기원전 5~6세기 정도이기에 그보다도 1, 2세기 전에 생겨난 것입니다. 그 시기에 '우파니샤드Upaniṣad'라고 불리는 인도의 사상적 기반이 되는 철학 성전이 성립되었고, '범아일여梵我一如'라는 독특한 사상을 토대로 환생 시스템이 확립되어 '전생의 행위'가 카르마(=업)가 되어 '현재의 인생'에 영향을 준다는 사상으로 집약됩니다. 업을 기반으로 하는 윤회전생輪廻轉生사상의 탄생입니다.

결과적으로 다음 생에 나쁜 곳에 다시 태어나고 싶지 않으면 이번 생에 그 원인이 되는 악업을 짓지 말라는 일종의 치료법과 같은 종교관이 생겨납니다. 일반적인 원칙은 이렇습니다.

1. 전생의 삶이 원인이 되어, 지금의 '나'라는 결과가 생긴다. 당연히 지금의 삶이 다음 생의 모습을 결정한다.
2. 행복을 가져다주는 업이 좋은 업이고, 불행을 가져다주는 업이 나쁜 업이다.

그리고 이러한 사상적 토대 위에 붓다가 태어나게 되었습니다.

붓다가 생각한
업과 인과

┃ 붓다의 가르침은 당연히 당시 인도사회의 통념으로부터 강한 영향을 받았습니다. 그렇기에 앞서 소개한 업의 힘에 의한 윤회의 세계를 붓다도 인정했습니다. 다만 여기서 '인정했다'는 것은 결코 그러한 세계관을 바람직한 것으로 생각했다는 의미는 아닙니다. 붓다는 어디까지나 자신이 끝나지 않는 윤회의 세계에서 끊임없이 살아가지 않으면 안 된다는 것이 너무나도 싫었던 겁니다.

붓다는 민감한 청년기에 다양한 사람들의 삶의 모습을 우연히 접하며 '살아가는 것은 괴로움이다'라는 진리를 깨닫습니다. '태어나면 죽고, 죽으면 다시 태어난다는 끝없는 생사의 굴레 속에서 우리는 영원히 궁극의 행복에 도달할 수 없다. 살고 싶다거나 살아가지 않으면 안 된다는 강박관념에 사로잡혀 괴로움의 바다에서 끊임없이 발버둥을 친다.' 이것이 붓다가 본 우리의 진짜 모습입니다. 그 어디에도 안락함과 행복 따위는 없습니다. 붓다의 눈에는 무엇보다 업의 힘으로 벗어날 수 없는 윤회의 세계가 혐오스러운 괴로움의 근원으로 비춰진 것입니다.

그러한 윤회의 세계에 휩싸여 지내며 '선업을 가득 지어 좋은 곳에 태어나고 싶다'고 발원하는 것에 무슨 가치가 있겠습니까? 아무리 좋고 풍요로운 곳에 다시 태어난다고 하더라도 그곳에서도 역시 늙어가고 병에 걸리는 괴로움이 이어지고, 그 생이 끝나면 다시 또 다른 괴로운 생이 기다리고 있기에 결코 진정한 안락은 얻을 수 없습니다. 아무리 멋진 삶을 얻었더라도 그것은 잠시뿐인 꿈과도 같은 행복인 것입니다.

붓다가 태어난 곳은 인도 북쪽으로 현재의 네팔인 카필라왓뚜Kapilavatthu라는 왕국입니다. 붓다는 왕자로 태어났습니다. 말하자면 세상에서 가장 풍요로운 곳에 태어난 것입니다. 언젠가는 왕이 되어 모든 것이 안정된 인생을 보낼 수 있는 약속된 삶이었으나, 30세 무렵에 그 생활을 모두 던져버리고 홀몸으로 숲으로 들어가 수행자가 되었습니다. 그 이유는 이 세상에서 살아가는 괴로움에 시달리는 사람들 모습을 두 눈으로 직접 목격하고 그 괴로움이 다른 사람만의 것이 아닌 언젠가 자기 자신에게도 반드시 찾아온다는 것을 사무치게 느꼈기 때문입니다.

아무리 왕이 된다고 하더라도 모든 인간에게 공통된 '나이를 먹고 병이 들어 죽는다'는 괴로움의 굴레로부터 벗어날 수 없습니다. 어떠한 세속의 눈부신 즐거움이나 기쁨에 젖어있어도 마음 깊은 곳에 있는 근원적 괴로움을 물리칠 수 없습니다. 그 근원적 괴로움의 존재를 알게 된 이상, 왕이 된다는 세속의 행복 따위에는 어떠한 가치도 찾을 수 없었습니다.

한번 삶의 괴로움을 실감한 사람은 더 이상 세속의 즐거움을 추구하며 살아가는 것이 무의미해집니다. 재산이나 명예나 직위 등 그때뿐인 일시적 즐거움으로 '태어나서 늙고 병들어 죽는다'는 절대적인 괴로움의 과정을 없애는 것은 불가능합니다.

예를 들어 여태까지는 '인생은 즐거움도 있으면 괴로움도 있다. 그렇게 나쁜 것은 아니다'라고 생각하며 평범한 생활을 하던 사람이 갑자기 큰 재해를 만났습니다. 그는 재산뿐만 아니라 사랑하는 가족과 자식까지 모두 잃는 무서운 일을 겪게 됩니다. 지금까지의 '힘든 일과 즐거운 일이 반반'이었던 생활이 순식간에 전부 괴로움으로 뒤덮인 하루하루로 바뀌어버립니다. 예전 같았으면 '인생이란 참 즐겁네'라고 생각했을 좋은 일도 그 거대한 괴로움 앞에서는 어떠한 도움도 되지 않습니다. 오직 슬픔과 괴로움만이 마음에 머물며 마치 그 사고의 순간부터 '시간이 멈춘 듯한' 상태가 됩니다. 실제로 큰 불행을 겪은 분들이 "인생의 시간이 멈춘 듯하다"고 말합니다. 감수성이 예민했던 젊은 붓다도 그러한 괴로움의 생각에 시달리며 왕족의 신분을 버린 것입니다.

출가한 붓다는 인기척이 없는 숲과 산에서 홀로 몇 년간의 수행을 이어간 끝에 결국 깨달음을 얻습니다. 삶의 괴로움을 낳는 다양한 마음의 요소들, 예를 들어 탐욕이나 증오, 또는 자기중심적인 이기적 세계관이라는 좋지 않은 작용을 자신의 힘으로 없앨 수 있게 된 것입니다. 이러한 좋지 않은 작용들을 전부 번뇌라고 하는 것이기에 즉 붓다는 자신의 힘으로 '번뇌를 모두 없앴다'는 것입니다.

여기까지 붓다라는 인물의 대략적인 소개였습니다. 붓다의 일생에 대해서 더욱 상세하게 알고 싶은 분은 부처님의 생애를 다룬 저서를 참고해주십시오. 이 책의 목적은 붓다의 일생을 소개하는 것이 아니라 현대적 시점에서 업의 작용을 재검증하는 것에 있습니다. 그렇기에 이후로는 깨달음을 얻은 붓다가 업이라는 현상을 어떻게 파악하였는가를 이야기하겠습니다.

붓다는
'살아가는 것이 고통'이라는
것을 깨달았다

2,500년이나 지난 인도 종교가의 생각을 알아서 뭐하겠는가 의문을 가질 분도 있겠지만, '붓다가 업의 힘과 어떻게 싸웠는가' 하는 이야기는 현대사회에서 인터넷으로 인해 고통받고 있는 사람들이나, 그리고 앞으로 인터넷에 의해 어려움을 겪게 될 많은 사람들에게 명쾌한 지침을 제공할 것입니다.

붓다는 윤회나 업이라는 당시 인도사회의 통념을 기본적인 세계관으로서 그대로 받아들였습니다. 이는 어쩌면 당연합니다. 누구라도 자신이 태어난 시대나 사회의 통념과 무관하게 살아갈 수 없기 때문입니다. 예를 들어 기독교 융성기에 태어난 사람이라면 당연한 사실로서 천국이나 신의 존재를 믿었을 것이고, 신라 시대의 정토사상을 믿고 따르던 불교신자라면 저 멀리 서쪽에 극락이라는 환상적인 세계가 있어서 그곳에 계시는 아미타 부처님이 우리를 구제해주신다고 굳게 믿었을 것입니다. 그리고 현대사회의 우리들은 이 세계가 상대성이론이나 양자역학이라는 물리법칙에 의해 유지되고 있다고 믿어 의심치 않을 겁니다. 물론 그렇게 생각하지 않는 사람들도 분명 많겠지만, 전체적인 흐름으로서 그 사회와 시대를 대표하는 특유의 '당연한 세계관'이라는 것이 있어 누구라도 그 영향을 받으며 살아가게 되는 것입니다.

붓다 또한 당시 인도 사회에서 일반적으로 믿었던 윤회라는 세계관이나 업이라는 불가사의한 힘을 당연한 물리현상으로 받아들였던 것입니다. 그러나 붓다가 다른 사람들과 다르게 뛰어났던 것은 모두가 당연하게 받아들이던 이러한 물리현상이야말로 괴로움의 원천이라는 것을 알아차려 그것으로부터 벗어나는 것이 안락으로 이어지는 유일한 길이라고 간파한 점입니다.

일반적인 생활 속에서 우리들이 '행복하다'고 느끼는 것들은 대부분이 상대적입니다. 돈이 많아서 행복한 것은 돈이 없는 사람과 비교해서 행복한 것으로, 훨씬 돈이 많은 사람과 비교하면 불행한 것이 됩니다. 회사에서 승진하더라도 위를 올려다보면 훨씬 높은 직위의 사람들이 있고, 비록 가장 높은 사장이 되었더라도 아래로부터 라이벌들이 끊임없이 올라오고 주변에서는 여러

압박들이 밀려와서 마음의 평안함을 지닐 수 없습니다. 화목한 가족에 둘러싸여 편안한 생활을 지낸다고 하더라도 언젠가는 이별이 찾아올 것이고, 언제 어떠한 재해나 불행이 찾아올지 모른다는 불안감이 마음 깊숙한 곳에 자리하고 있습니다.

이러한 '일상의 행복 속에 내재된 불행'을 붓다는 젊은 시절에 느꼈습니다. 그 불행의 본질은 '없어진다'는 현상입니다. 지금 이 순간이 얼마나 행복으로 가득찬 시간일지라도 그것이 영원하지 않는 한 그 행복은 불행의 원인이 됩니다. 지금이 행복하면 할수록 그것이 언젠가는 없어져 잃게 된다고 생각하면 불안감은 더욱 심해집니다. '지금 최고로 행복하다'는 감격의 표현 뒤에는 '이 행복이 항상 계속되었으면' 하는 간절한 바람이 담겨있는데, 그것은 결코 이루어질 수 없는 공허한 바람일 뿐입니다. 왜냐하면 세상의 모든 현상은 항상 변화하고 다른 것으로 모습을 계속해서 바꿔가기 때문입니다. 그것을 '제행무상諸行無常'이라고 합니다. 제행무상의 세계에서 '영원히 이어지는 행복'을 추구하는 것이 불행의 근원이 됩니다.

예를 들어 젊은 사람들은 모두 '젊음'이라는 것을 가지고 있습니다. 당연한 것이지요. 젊음을 가진 사람, 즉 젊은이는 장래에 대한 꿈을 갖고 그것의 실현을 향해 나아가기 위한 체력이나 실력을 갖춰 희망을 불태우는 하루하루를 살아갈 수 있습니다. 그리고 그것을 당연하다고 생각합니다.

그러나 머지않아 거기에 '늙음'이 소리없이 찾아옵니다. 인생의 남은 시간이 순간순간 사라져버리며 앞에 있는 꿈보다도 이미 지나가버린 과거의 것들만 되뇌게 되어 체념과 후회만이 마음에 남습니다. 젊음이 없어지며 젊음에 의해 생겨났던 행복감이 사라지고 점차 어둡기만 한 괴로움이 무거운 짐이 되어 마음속에 쌓여갑니다. 이것이 나이를 먹는 것의 괴로움으로 절대로 멈출 수가 없는 절대적인 괴로움입니다. 늙음은 젊음이라는 일시적인 행복 속에 잠재된 진정한 괴로움입니다.

우리들에게 '지금의 행복'을 빼앗아가는 것은 그 외에도 존재합니다. 바로 '병'입니다. 말할 필요도 없이 병은 우리들로부터 '건강'이라는 행복을 빼앗아갑니다. 건강한 사람은 건강이라는 것의 의미를 진지하게 생각하지 않습니다. 그러나 갑자기 병이 들어 건강했을 때는 당연했던 것들이 더 이상 당연하지 않은 것이 되었을 때 비로소 건강하지 못한 것의 괴로움을 느낍니다.

운이 좋으면 병이 나아서 원래의 건강한 몸으로 되돌아갈 수도 있으나, 그렇다고 해서 두 번 다시 병에 걸리지 않는 것은 아닙니다. 오히려 한 번 병에 걸린 괴로움을 경험한 사람이야말로 병의 무서움을 알기에 매일매일 걱정이 심해질 것입니다. 병 또한 우리들이 인생에서 한 번밖에 지닐 수 없는 건강이라는 행복을 빼앗는 괴로움의 원흉입니다.

 늙음도 병도 우리들이 '행복하다'고 느끼는 일시적이고 상대적인 행복감을 빼앗아가서 인생의 진정한 모습, 즉 '살아가는 것은 괴로움'이라는 사실을 눈앞에 가져다 놓습니다. 그리고 나아가 그것들을 뛰어넘는 괴로움의 최대 원인으로 우리들을 가로막는 것이 바로 '죽음'입니다. 죽음은 모든 것을 빼앗고 없앱니다. 사람이 평생에 걸쳐 이루고 모아온 모든 '행복'을 한순간에 전부 빼앗아가는 것, 그것이 죽음입니다.

 우리들에게 있어 행복이란 무엇이고 불행이란 무엇인가라는 문제를 이처럼 '행복함을 전해주는 다양한 것들이 자신의 손 안에 있는 것이 행복이다', '그것을 빼앗기는 것이 불행이다'라는 기준으로 다시금 바라보면, 모든 것이 시간과 함께 변해버리는 이 세계 속에서 진정한 행복 따위는 없다는 것을 알게 됩니다. 아무리 이 세계의 모든 것을 손에 넣어 끝없는 행복으로 가득 찬 순간이 생겼더라도 '이것도 반드시 없어질 것이다'라고 생각하면 그 순간 불행이 밀어닥칩니다. 오히려 많은 것을 손에 가지고 있으면 있을수록 그것을 빼앗길 수 있다는 공포와 불안이 한층 깊어지며 불행도 그만큼 커집니다.

'중도'로
살아가는 것이란

이처럼 사람이 참된 안락을 추구한다면 세속의 행복을 쫓아가서는 안 됩니다. 오히려 세속의 행복을 행복이라고 느끼지 않도록 전혀 다른 가치관을 갖고 사는 것이 필요하다고 붓다는 생각한 것입니다.

여기서 말하는 '세속의 행복을 쫓는 행복'이란 2,500년 전의 업에 속박된 인도 사회에서 말한다면 '매일의 생활 속에서 많은 선업善業을 쌓아 그 힘으로 좋은 곳에 태어나겠다고 하는 생각'을 의미합니다. 지금 좋은 일을 많이 해두면 미래에 반드시 그 과보가 되돌아와서, 예를 들어 하늘나라에 태어나 신들의 세계에서 안락하게 살 수 있다든가, 또는 부자나 왕족으로 태어나서 행복한 일생을 보낼 수 있다든가 하는 그러한 행복을 받을 수 있다고 생각하는 것입니다.

그러한 것은 그 나름대로 잘못된 생각은 아닙니다. '지금보다 행복해지고 싶다'고 발원하는 것은 사람의 근본욕구이기에 당연합니다. 다만 붓다라고 하는 인물은 그러한 보통의 생활 속에서 '행복을 만드는 시스템'이 일시적인 휴식에 불과한 것으로 참된 안락을 가져다주지 못한다는 점을 깊이 고민한 것입니다. 예를 들어 제가 "죽으면 하늘나라의 신으로 다시 태어나 편안한 생활을 할 수 있도록 해주세요"라고 발원하며 다양한 좋은 일들을 했다고 하더라도, 그 하늘나라의 편안한 생활이라는 것이 끝없이 이어지는 윤회라는 시스템에서 보면 보잘것없는 한순간의 현상에 지나지 않는다는 것을 알게 되어 조금도 기쁘지 않습니다. 하늘의 신들도 윤회를 하는 한 중생에 지나지 않기에 신들도 수명이 다하면 죽습니다. 죽으면 다시 지옥에 태어나거나, 축생(동물)으로 태어나는 등의 괴로움이 이어집니다. 그러한 것을 알면서도 하늘나라에 태어나기 위해 일생을 소비하는 것은 어리석은 일입니다. 참된 행복이 아니라는 것을 알면서도 마음속으로 기다리고 기대하는 것은 있을 수 없는 일입니다.

이처럼 붓다는 '이 세상에서 사람들이 행복하다, 불행하다고 말하며 구별하고 있는 것은 실은 전부 불행한 것이다'라는 것을 깨닫고, 그것들로부터 떨어진 참된 행복을 손에 넣을 수 있는 길에 들어갔습니다. 왕자로써의 신분을 버리고 참된 안락을 구하기 위해 홀몸으로 수행자가 되어 숲속에 들어간 것입니다. 이것이 붓다의 출가입니다. 그리고 몇 년간의 수행생활 끝에 보리수 아래에서 깨달음을 얻은 순간, 붓다는 "업의 힘을 지워 없애서 두 번 다시 윤회의 세계에 태어나지 않는 것이야말로 참된 안락이다"라고 몸소 알게 된 것입니다.

그럼 업의 힘을 없앤다는 것은 실제로 어떻게 해야 하는가? 선업도 악업도 쌓지 않는 것이기에 그것은 선악의 양면을 떠난 뉴트럴neutral(중도적, 중립적)한 삶을 살아야 한다는 것입니다. 선업을 쌓으면 그 힘에 의해 하늘의 신이나 권력과 재물이 많은 사람으로 태어나게 됩니다. 악업을 쌓으면 지옥이나 아귀로 태어나 끝없는 고통을 받습니다. 그러나 어느 쪽이든 영원히 반복되는 윤회 속에서 일어나는 하나의 현상인 이상 그것들은 본질적으로 괴로움의 일부에 지나지 않습니다. 그런 것이기에 던져버리지 않으면 안 됩니다. 선업도 악업도 짓지 않도록 살아야 한다, 중도의 삶을 살아야 한다고 붓다는 말합니다. 그런데 이 '뉴트럴한 삶'이라는 것이 실은 매우 어렵습니다.

우리들은 보통 세속의 여러 가지 자극 속에서 살아가지 않으면 안 되기에 자제심이 없이 적당히 대충대충 살다보면 자신도 모르게 나쁜 일을 하게 되어버립니다. 예를 들어 '거짓말을 한다', '탐내는 마음을 일으킨다', '다른 사람에 대해서 나쁘게 말한다' 등등. 이런 것들이 전부 악업의 근원입니다. 그러나 다른 한편으로 어떤 일이 생겼을 때마다 선업을 쌓으려고 노력을 하는 것도 사실입니다.

여기서 거듭 주의할 것은 '선업을 쌓아서는 안 된다'라는 말의 진짜 의미입니다. 이것은 '좋은 일을 하지 말라'는 뜻이 아닙니다. '길에 쓰러져 괴로워하는 사람을 봐도 못 본 체하며 지나쳐라' 등으로 말하는 것이 아닙니다. 여기서 말하는 '선업을 쌓는다'는 뜻은 '나는 좋은 일을 할 거야', '나는 지금 좋은 일을 하고 있어', '나는 좋은 일을 했으니 분명 앞으로 굉장히 좋은 과보가 있을 것이 틀림없어' 하면서 자아의식을 지닌 채로 행동하는 것을 말합니다.

좋은 일을 하고 있다는 자각이 선업이라는 업을 만들어버리는 것입니다. 그것은 자아의식의 표현으로서 잘못된 견해로 이어집니다. 그렇기 때문에 좋은 행동을 하더라도 '나는 좋은 일을 하고 있는 사람이다'라는 의식을 지니지 않고 마치 숨을 쉬거나 앉거나 서거나 하는 것과 같은 감각으로 그 행동을 한다면 참으로 훌륭합니다. 다만 그러한 경지에 이르는 것은 보통의 노력으로는 불가능합니다. 그렇기에 처음에는 '좋은 일이든 나쁜 일이든 아무

튼 자아의식을 표현하는 윤리적 행동은 삼가자'는 것에서부터 시작하여 경지가 높아질수록 참된 의미에서의 선행을 실현할 수 있도록 해나가는 것입니다.

이렇게 하여 선업과 악업의 어느 쪽도 만들지 않는 삶 속에서 번뇌를 없애기 위한 훈련을 밤낮으로 이어가는 습관을 확립시킵니다. 이것이 불교에서 말하는 '수행'입니다.

선善의
불교적
이중 구조

　　　　　　　　　　보통 우리들은 세상 속 현상을 둘로 나누어 대립시켜 생각합니다. 예를 들어 선과 악, 아름다운 것과 추한 것, 기쁨과 슬픔, 행복과 불행과 같이 둘로 나누어 생각합니다. 그리고 모든 상태를 이러한 극단의 이분법적 기준 위에 올려놓고 '완전한 선'에서부터 '작은 선', '선도 악도 아닌 중간', '작은 악', '완전한 악'이라는 방식으로 직선상에서만 가치판단을 해나갑니다.

　　그러나 앞서 설명한 불교의 선악관을 보면 그렇지 않은 것을 알 수 있습니다. 거기에는 한 가지 기준만으로 직선상에서 세상의 일들을 결정하는 단순한 가치판단과는 전혀 다른 '이중 구조적 선악관'이 설정되어 있습니다.

우선 악에 대해서는 언제나 나쁜 것입니다. 사람을 죽이거나 물건을 훔치거나 거짓말을 하거나 증오하거나 질투하는 등의 행동은 나쁜 업을 만드는 원인이기에 세속인이나 불교의 출가자나 누구라도 멀리하지 않으면 안 됩니다. 윤회 속에서 행복한 곳에 태어나고 싶다고 발원하는 세속적인 소원에서 보아도 악업은 멀리해야만 하는 것이고, 윤회 그 자체로부터 벗어나고 싶다고 생각하는 출가수행자에게 있어서도 당연히 가장 기피해야만 하는 수행의 큰 적입니다.

그러나 선업에 대해서는 전혀 다른 이야기가 됩니다. 여기에 불교만의 이중 구조가 있습니다. 윤회하여 좋은 곳에 태어나 잠시 동안이기는 하지만 행복한 생활을 보내고 싶다고 생각하는 사람에게는 사람들에게 재물을 나누어주거나, 곤란한 상황의 사람을 도와주거나, 또는 자신을 희생하면서까지 다른 사람을 구해주거나 하는 이러한 행동들이 전부 선업이 되는 것이기에 적극 추천합니다. 그러한 행동들을 점차 쌓아감에 따라 그 과보로서 앞날에 안락한 생활이 보증되는 것입니다. 이것이 붓다의 시대보다도 앞선 인도에서의 일반적인 통념이었습니다.

그러나 붓다는 그러한 선악관으로는 자신의 최종 목표인 절대적 안락에는 도달할 수 없다고 생각했습니다. 윤회 속에서 일시적 쾌락을 아무리 추구한다고 하더라도 그 끝에는 결국 다시금 괴로움이 이어질 뿐입니다. 틀에 박힌 세속적 가치관으로 생활하는 것에 그 나름의 편안함이 있을지도 모르나, 한 걸음만 벗어나 보다 넓은 시선으로 바라보면 '선업을 쌓아 좋은 곳에 태어날 수 있게'라고 생각하는 그 집착심 자체가 괴로움의 원인입니다.

윤회를 무대로 하는 세속적 세계 속에 선·악이라는 두 개의 대립하는 개념이 있는데, 그것을 모르면 사람들은 그 세계 속에서만 행복을 추구하며 살아갑니다. 그러나 그 윤회의 세계에서 벗어나려는 불교적 세계관에 입각해 바라보면 그 선과 악 모두가 '악'이 됩니다. 그렇기에 불교적으로 보면 세속의 선과 악이 둘 다 '악'으로, 그 세속의 선·악을 떠나 윤회로부터 벗어나기 위한 행동, 즉 불교의 수행생활이야말로 고차원의 '선'이 되는 것입니다. 이것이 불교라는 종교의 독자적인 선악관입니다.

뒤에 다시 언급하겠지만 이 독창적인 선악관도 시대와 더불어 세속화의 파도에 휩쓸려 점차 변화합니다. 대승불교의 등장과 함께 '세속의 선행이라도 방법에 따라서는 업을 만들지 않고 윤회에서 벗어날 수 있다'고 하는 새로운 수행방법이 제시됨에 따라 붓다 이후의 엄밀한 이중 구조의 벽이 점차 무너집니다.

붓다는 이처럼 세상의 선악을 이중 구조로 파악하여 불교수행자는 그중 고차원적인 선을 닦는 것에 전념하라고 가르쳤습니다. 하지만 그렇다고 해서 세속적인 선행을 하지 말라는 등의 말은 결코 하지 않았습니다. 보통 사람이 단번에 훌쩍 고차원의 세계에 뛰어들 수 없으므로 우선은 세속적인 선을 확실히 이해하고 그 실천 위에 올라섰을 때 비로소 고차원의 선행이 가능하다는 것이 붓다의 생각입니다. 그렇기에 세속적인 선도 훌륭한 행위로서 적극 권장되고 있습니다.

그러나 거듭 이야기하지만 아무리 세속의 행복을 산더미만큼 손에 넣었다 하더라도 그것은 결국 괴로움의 큰 바다에 잠깐 동안 떠오른 물방울과 같은 것에 지나지 않습니다. 그러한 것들을 전체적으로 내려다보면 인생은 본질적으로 괴로움의 바다 그 자체라고 하는 기본구조는 전혀 변하지 않습니다. 세속의 선행에 대해 세상 사람들이 입을 모아 "좋은 일이다, 굉장한 것이다"라고 칭찬하지만, 모두가 그렇게 말한다고 하더라도 그것이 최고의 선이 되지는 않습니다. 한 사람 한 사람의 궁극의 안락이라는 점에서 보면 모두가 함께 평가하는 평균적 가치관보다도 오히려 사고판단을 뒤집어 생각한 곳에서 보여지는 비사회적 시점이야말로 의미가 더 큽니다. 붓다의 생각은 그것을 명확하게 제시하고 있으며, 그것이 인터넷 사회에서 괴로워하는 현대인들에게도 좋은 효과를 줄 것입니다.

선善의
인스턴트화

▬▬▬ 지금까지 붓다가 생각한 세계관에 대해서 살펴봤습니다. 독자 여러분께서 그동안 익숙하게 접해온 '불교'와 다소 차이가 있어 놀라지는 않았는지요? 이러한 생각은 정작 현대의 우리 불교계에서는 그다지 이해하고 있지 않습니다. 지금의 불교에는 수많은 종파가 있습니다만, 대부분 스님들은 "좋은 일을 많이 하세요. 세상을 위해 사람들을 위해 봉사하세요"라고 말합니다. "그럼 그 좋은 일이란 무엇입니까?"라고 물으면 효도를 하거나, 조상님을 잘 모시거나, 생명을 소중히 하거나, 사회에 공헌하는 등 대부분 세속적인 행동의 범주에서 대답이 되돌아올 것입니다. 이러한 행동들은 지금까지 제가 소개한 붓다의 가르침

과는 다른 것들입니다.

그러나 그건 결코 스님들의 생각이 잘못되어서가 아닙니다. 붓다의 가르침과 크게 차이가 있는 것은 우리나라에서 지금까지 계속 주류가 되어온 대승불교가 세속의 가치관을 중시하는 부파이기 때문입니다.

대승불교라는 것은 기원전후경에 인도에서 생겨난 새로운 형태의 불교입니다. 대승불교가 붓다의 가르침과 근본적으로 다른 점은 '선善의 이중 구조'가 변화된 것입니다. 앞서 설명했듯이 붓다의 가르침에서는 출가자의 선과 재가자의 선이 전혀 다른 차원의 것이었습니다. 그런데 대승불교에서는 양쪽을 하나로 하여 '세속의 선이라도 참된 마음가짐으로 행한다면 그 힘을 깨달음으로 되돌려 윤회를 멈출 수 있다.' 즉 세속의 선을 고차원의 선으로 전환할 수 있다는 주장이 나옵니다.

이 '전환' 즉 세속적 선의 힘을 고차원적 선의 힘으로 바꾸는 것을 불교용어로 '회향廻向'이라고 합니다. 단어의 뜻 그대로 힘을 다른 방향으로 '되돌려 향하게 한다'는 것이 회향입니다. 이 회향의 개념이 대승불교에 도입됨에 따라 불교 수행은 세속의 선행이라도 괜찮다는 식으로 변합니다. 그럼 어떠한 선행이 가장 효과가 있는 것일까요? 이왕 수행을 할 거라면 가장 효과 있고 효율이 좋은 수행을 하는 편이 좋지 않겠습니까? 세속의 수행이라고 하더라도 다양한 것들이 있기에 어떠한 수행을 선택하면 좋은가는 당연히 중요한 문제가 될 것입니다.

다양한 선행들 중에 가장 칭찬받는 것은 이타利他, 즉 타인을 도와주는 행위입니다. 자신의 목숨과 맞바꾸어 다른 사람을 구해주는 행위는 가장 숭고한 선행으로서 사람들 마음에 감동을 전해줍니다. 당연히 세속의 선행을 윤회에서 벗어나기 위한 힘으로 회향할 수 있다고 생각한 대승불교도 처음에는 이 이타행을 최고의 수행으로 보았습니다.

그러나 자기를 희생하여 다른 사람을 돕는다는 행위는 매우 훌륭한 것임과 동시에 쉽게 실천하기 어려운 행위이기도 합니다. 모처럼 '세속의 선행이라도 궁극의 안락을 위해 회향할 수 있다'는 새로운 길을 제안하였으나, 그 길이 보통 사람으로서는 쉽게 실천할 수 없는 어려운 행위라면 아무 의미 없는 것이 되어버립니다. 이에 누구라도 할 수 있는 수행이 없을까라는 고민이 시작되었습니다.

그 대표적인 예가 '붓다에게 예를 올린다'는 행위입니다. '불탑에 봉안된 붓다의 유골에 예를 올린다'든가, '지금은 사라진 붓다의 모습을 머릿속에 떠올린다'든가, 또는 '훌륭한 경전을 지니고 독송하고 옮겨 쓴다' 등의 여러 종교적 숭배행위들입니다. 이것들은 자기희생에 의한 타인의 구제라는 어려운 행위와 비교하면 훨씬 수월해서 누구라도 언제든지 할 수 있는 쉬운 행동입니다. 그러한 '인스턴트 선행'이더라도 윤회로부터 벗어나기 위한 큰 힘이 된다고 생각하게 된 것입니다.

수행의 간편화는 진화하여 최종적으로는 '우리들 자신이 이미 붓다라는 것을 특별한 의례를 통해 확인한다'라는 형태로까지 전개됩니다. 다시 말해 '문득 깨닫는 순간, 이미 당신은 붓다가 되어 있다'라는 단계까지 나아가게 됩니다.

본래는 출가자가 되어 세속의 선도 악도 짓지 않는 특별한 수행생활을 이어가지 않으면 깨달을 수 없다고 설한 불교가 회향의 힘에 의해 세속생활을 하면서도 깨달음을 향한 길로 나아갈 수 있다는 전혀 다른 사상으로 변화했습니다. 이것이 대승불교의 본질입니다. 대승불교가 말하는 다양한 수행의 길에 대해서는 알기 쉽게 설명한 입문서들이 많이 출판되어 있으니 그것들을 참고해 주십시오.

이러한 대승불교의 단계에 접어들면 업의 인과관계도 변화됩니다. 본래 붓다의 가르침에서 업이라는 것은 업을 만든 본인이 그 과보(결과)를 받는다는 '자업자득自業自得'의 원칙에 따른 엄밀한 시스템이었습니다. 자신이 만든 악업을 다른 사람에게 떠넘긴다든가, 혹은 자신이 지은 선업의 결과를 다른 사람에게 전해준다는 식의 '업의 교환'은 있을 수 없는 이야기입니다. 또한 앞서 말했듯이 세속의 선행을 많이 행하여 좋은 업을 쌓았다고 하더라도 그것을 깨달음을 통한 '윤회에서 벗어남'이라는 고차원의 성과로 이어갈 수 없었습니다. 선업의 결과는 어디까지나 하늘나라에 태어나거나 부잣집에 태어나는 등 윤회세계에서 일시적 행복밖에 가져다줄 수 없는 것입니다.

그러나 대승불교 시대에 회향의 개념이 도입되면서 이러한 업의 엄밀한 인과법칙은 무효화되고 업의 힘이 자신으로부터 남에게 자유롭게 건네지거나, 또는 세속의 선행이 그대로 깨달음의 원동력이 된다는 방식으로, 말하자면 '뭐든지 상관없다'는 상태로 변한 것입니다. 대승불교가 되며 업이라는 것은 우리들을 끊임없이 속박하는 사슬과 같은 무서운 이미지에서 오히려 우리들의 모든 소원을 들어주는 불가사의한 힘으로 크게 변화한 것입니다.

동양적
업의 세계

이러한 대승불교가 되면서 업은 본래의 엄밀함을 잃고 다소 애매한 개념으로 변했으나, 그 무서움이 완전히 사라진 것은 아닙니다. 윤회의 힘으로 업의 과보를 피할 수 있는 방법이 얼마든지 생겼다고 하더라도, 아무것도 하지 않고 나쁜 마음을 간직한 채 살아간다면 역시 그 끝에 가서는 무서운 과보를 받게 되니 조심하라는 주의를 줍니다.

그리고 또 하나, 업은 차별사상을 정당화시키기 위한 근거로도 이용됩니다. 나쁜 행동을 하면 그 결과로서 불행해진다는 업의 논리는 차별의 근거로 악용되기 쉽습니다. '지금 현재 불행한 처지에 놓인 것은 과거의 악업 탓이기에 다른 누구에게도 그 책임이 없다. 책임은 오로지 그 본인에게 있는 것이다. 그렇기에 아무리 차별받고 멸시당한다고 하더라도 누구도 원망하지 말고 불만도 토로하지 말고 가만히 그 신세를 참고 견디어야만 한다'라는 차별을 용인하는 이론의 근거로 이용할 수도 있습니다.

업을 차별과 결부하여 생각하는 경향은 이미 인도에서 만들어진 불교경전 속에도 나타나 있습니다. '오래전 악업을 지은 자는 다시 태어나도 천한 직업이나 신체장애를 지닌 자로 태어나고, 또한 그렇게 태어난 탓에 다시 악업을 지어 장차 앞으로도 나쁜 신세만을 끊임없이 반복한다'는 가혹한 말을 하는 경전도 존재합니다. 물론 모든 사람은 평등하다고 생각한 붓다가 그런 저속한 말을 하셨을 리가 없기에 후대의 누군가가 경전이라는 이름을 붙여서 만들었다고 생각합니다만, 아무튼 업은 차별사상과 결부되기 쉬운 특성을 지니고 있는 것입니다. 그것이 대승불교가 되어서도 그대로 이어져 동양에서도 차별과 묶음으로 사용됩니다.

앞에서 소개한 '부모의 업보가 자식에게 이어진다' 등의 표현이 그 대표적인 예입니다. 지금도 재해를 만나 괴로워하고 있는 사람들에게 그것은 과거 악업의 결과 때문이라고 말하는 악한 마음의 사람들도 있습니다.

저 자신은 유년시절에 강렬한 체험을 통해 '업'의 무서움을 뼈저리게 느낀 기억이 있습니다. 저의 고향은 시골에 있는 낡고 오래된 집이어서 곳곳에 뱀들이 있었습니다. 크고 긴 구렁이가 담장에 숨어있거나 수세식이었던 화장실에 들어가면 똬리를 튼 뱀이 있기도 했습니다. 요즘 사람들이라면 소리를 지르며 도망쳐 나오겠지만 당시만 해도 뱀 정도는 흔히 볼 수 있었기에 모두 아무렇지 않게 잡아 죽였습니다.

지금도 잊을 수 없는 것이 어른들이 집에 들어온 뱀을 몽둥이로 때리며 "네 녀석은 전생에 나쁜 짓을 한 탓에 업의 과보로 이런 축생으로 태어난 것이다. 이제부터는 선업을 쌓아 두 번 다시 뱀 따위로 태어나지 말라"고 설교를 하였습니다.

당시에는 '아, 그렇구나! 이게 업의 과보구나' 어린 마음에 납득하면서도 설교를 들으며 맞아 죽어가는 구렁이를 보며 '이보다 심한 죽음이 또 있을까? 업이란 정말 무서운 것이구나' 하면서 두려워했습니다. 지금 생각해보면 그건 불교 본래의 가르침과 전혀 맞지 않는 말이었습니다. 아마 붓다였다면 "뱀으로 태어난 것은 악업 탓인지도 모르겠으나, 이제부터라도 네가 친절하고 따뜻한 마음으로 다른 존재들을 대한다면 반드시 안락한 곳에 다시 태어날 것이다. 자 가거라!" 하며 오히려 격려했을 것입니다. 동양인의 업에 대한 이해에는 충분히 제멋대로의 생각이 들어가 있습니다.

불교세계에서도 업의 개념에 대해서 지나칠 정도로 간단하게 이야기되어 왔습니다. 붓다의 시대에는 엄밀한 자업자득의 법칙에 따라 작용하는 인과법칙이라고 여겼던 업도 대승불교로 이어지면서 그 엄밀함이 상당히 사라졌습니다. 업이란 얼마든지 피할 수 있고 오히려 우리들에게 있어 좋은 현상일지도 모른다고 생각이 변한 점이 중요합니다.

그럼 지금부터는 21세기에 사는 우리들 이야기로 주제를 옮겨 가겠습니다. 무슨 말인가 하면 먼 옛날의 것이었던 이 업의 시스템이 21세기가 되며 다시금 되살아나고 있다는 이야기입니다. 게다가 그것은 우리를 행복으로 이끌어주는 관대하고 친절한 대승불교적인 힘으로 되살아나는 것이 아니라, 그보다도 훨씬 오래된 붓다 시대에 생각한 도저히 벗어날 수 없는 무서운 족쇄로서 새롭게 모습을 드러내고 있습니다.

이제부터 그것을 소개하려고 합니다. 그 전에 제가 지금까지 업을 연구해오면서 알게 된 업의 세 가지 원칙을 정리해두려고 합니다. 무서운 업의 시스템이 지닌 세 가지 특성입니다.

제1원칙 : 사람이 행한 선악의 행위는 전부 빠짐없이 기록된다.
제2원칙 : 기록된 선악의 행위는 업이라는 잠재적 에너지가 되어 보존되고, 언젠가 반드시 어떠한 형태로든 본인에게 그 결과를 가져온다.
제3원칙 : 업의 에너지가 결과를 가져오는 경우 그것이 어떠한 형태로 나타나는가는 예측 불가능하며, 원인이 된 선악의 행위에서 그 결과를 추측할 수도 없다.

쉽게 말하면, 사람이 저지른 선행이나 악행은 아무도 보지 않는다고 생각해 저지른 행동일지라도 모두 업으로 기록되며, 그것이 어떠한 결과로 되돌아올지는 전혀 알 수 없으나, 언젠가 반드시 어떠한 형태로든 되돌아온다는 것입니다. 엄밀한 불교철학의 이론에 의하면 깨달음을 향한 수행의 길 중에는 제거할 수 있는 업도 있다고 되어있으나, 이 책에서는 그런 특수한 이론은 고려하지 않고 당시 대부분의 불교수행자들이 생각한 일반적인 업의 개념만을 토대로 이야기하겠습니다.

현대사회에
등장한
새로운 '업'과 '고통'

지금까지 제가 이야기해온 불교의 업을 21세기 현대사회에서 절실하게 믿을 수 있는 사람은 그다지 많지 않을 거라고 생각합니다. 업은 고대 인도의 윤리적 세계관을 토대로 생겨난 개념이기에 과학적인 근거는 전혀 없습니다. 다만 그 개념을 받아들인 붓다나 또는 그 외의 뛰어난 종교가들이 그것을 토대로 각각의 종교세계를 구축하였기에 지금까지도 세계의 많은 사람들이 그것을 신봉하고 있습니다. 지금 현재에도 업의 힘을 믿으며 살아가는 사람들의 수는 상당하지만, 그럼에도 과학적 세계관이 점차 일반화되어가는 현대사회에서는 그 영향력이 분명 약해지고 있습니다.

제 주변에도 실제로 '업은 존재한다'고 단언하는 분도 있고, 그 것을 전제로 자신의 인생을 세워나가시는 분도 있습니다. 그러한 분들의 업을 믿는 진지한 자세는 진실한 마음에서 나오는 것이기에 저도 충분히 존중하고 있습니다. 그렇지 않고 주변에서 이런저런 참견을 하는 것은 대단히 무례한 일입니다.

　그러나 한편 현대적 가치관 속에서 태어나 교육받고 자라온 많은 분에게(저도 포함하여) 업이라는 것은 어떤 한 종류의 초현실적 현상과 같은 것이기에 그 실재성을 마음속에서부터 절대적으로 믿기란 쉽지 않습니다. 우연히 그 실재를 만연하게 느낀 듯한 순간이 있었다 하더라도, 그것이 일상의 행동원리가 될 정도로 절대적인 믿음이 되기는 쉽지 않습니다.

　아마 지금보다 수세기 전의 사람들이라면 업의 존재를 믿는 것이 우리들보다 강했을 겁니다. 그 믿음이 어느 정도였는지는 알 수 없지만, 적어도 일상의 대화 속에서 '나쁜 짓을 하면 지옥에 떨어진다'든가, '그건 전생의 업의 결과다'라는 등의 업에 대한 이야기를 전혀 위화감 없이 나눌 수 있는 그러한 사회환경이었던 것은 틀림없습니다.

　저 역시도 어릴 적 어른들로부터 자주 듣던 '옛날이야기'의 대부분이 지옥이나 극락(천당)의 이야기였습니다. 어린 마음에 지옥의 무서운 모습을 떠올리며 밤잠을 설쳤던 기억이 아직도 생생합니다. 그러나 지금처럼 이러한 옛 추억도 없고 오로지 뉴스 등의 미디어로부터 현실적인 정보만을 주입받으며 자라온 현대인들에게 업이나 윤회라는 것은 전부 '구시대의 문화'가 되어버렸습니다.

"실제로 예전에는 모두가 업의 과보를 두려워하며 살았기에 아무리 보는 사람이 없는 곳이라도 나쁜 짓을 해서는 안 된다는 마음이 있었다. 그것이 윤리관의 토대가 되어 지금과 같은 극악한 사건도 적었다"는 의견을 자주 듣습니다. "그에 비해 요즘에는 그러한 마음의 통제력이 없어져서 보는 사람이 없으면 무엇을 하든 상관없다는 생각이 만연하여 상상조차 할 수 없던 사건들이 버젓이 벌어진다"고 비판하기도 합니다. 사람들은 어느 시대건 '예전이 좋았다'고 생각하는 버릇이 있기에 이러한 의견이 정말 맞다고 단정 지을 수는 없습니다. 지금보다 예전에 나쁜 사람들이 더 많았을지도 모르고, 극악한 범죄도 보다 빈번하게 생겨났을지도 모릅니다.

그러나 여하튼 '아무도 보지 않는다고 하더라도 나쁜 일은 반드시 발각되어 언젠가 그 과보를 받는다'는 생각이 약해진 것은 사실입니다. '반드시 지옥에 떨어질 것이다'라든가 '하늘 무서운 줄 알아라(나쁜 짓을 저지르면 반드시 붙잡혀 벌을 받게 된다)' 등의 표현이 거의 사라진 것도 이러한 변화를 보여주고 있습니다. 이 책을 읽고 계신 많은 독자 여러분 중에도 그렇게 느끼는 분들이 많지 않을까 생각합니다. 그렇기에 제가 지금까지 계속 설명해온 붓다의 업 사상도 단지 케케묵은 종교의 되풀이로 지금 자신들과는 아무 상관없는 이야기라고 생각할지도 모릅니다.

그럼 지금부터 그 케케묵은 업 사상이 지금 우리들과 어떤 관계가 있는가에 대해 이야기하겠습니다. '지금 우리들'이라는 건 19세기나 20세기가 아닌 21세기를 살고 있는 우리들을 말합니다. 앞으로 이 책에서는 '21세기가 되며 붓다 시대에 존재하던 무서운 업의 세계가 현실의 것으로서 다시금 되살아나고 있다'는 사실을 지적하고, 그 무서운 시대에서 안락하게 살아가기 위한 방법을 제시하려고 합니다.

그 키워드는 '인터넷'입니다. 고대 인도의 붓다 시대에 모두가 믿었던 '업'이 현대에 다시 되살아난 원인은 인터넷의 발달에 있습니다. 인터넷이라는 새로운 시대의 사회시스템이야말로 무서운 업을 되살아나게 한 장본인입니다.

기술에는
좋은 것도 나쁜 것도
없다

불교나 업의 이야기를 하던 중에 갑자기 인터넷이라는 말이 튀어나와 놀랐을지도 모르겠으나 조금 이해해주십시오.

인터넷은 전 세계를 거의 실시간으로 이어주는 미디어입니다. 제가 처음으로 인터넷을 접한 것은 대략 25년 전 미국 유학을 마치고 일본 교토의 하나조노 대학에서 막 교편을 잡은 시기였습니다. 이공계였다면 보다 이른 시기에 접했을 거라고 생각합니다만, 불교학이라는 문과계열의 고리타분한 특성상 그때쯤 인터넷 도입이 막 시작되었습니다.

미국에 있는 동안 간신히 컴퓨터 사용법에도 익숙해져서 '앞으로는 직접 손으로 원고를 쓰거나 하나하나 종이에 메모할 필요가 없어진 편리한 시대가 되었구나'라고 안심하며 즐거워하고 있었습니다. '직접 손으로 쓰지 않아도 된다', '잘못 써도 지우개로 힘들게 지우지 않아도 된다', '정보를 간단하게 복사하고 붙여 넣는 기능으로 자유롭게 내용을 수정하거나 옮길 수 있게 되었다' 라고 하는 이른바 워드 기능의 편리함에 감격하던 시기였습니다.

그러던 중 갑자기 '컴퓨터와 컴퓨터가 전선으로 이어진다'라는 상황이 등장합니다. 처음에는 '그래서 뭐가 변하는데? 메일mail이 뭐야? 그런 거 없어도 전화로 연락하면 되잖아'라는 생각이었습니다. 컴퓨터라는 것은 '문서를 작성하는 기계' 정도로만 생각하고 '대량의 정보를 축적하는 거대 창고'라는 이미지는 그때까지만 해도 없었습니다. 더군다나 그 대량의 정보를 어떠한 형태로든 마음대로 가공하고 다시 그것을 인터넷에 올린다는 무서운 '정보가공시스템'이라는 것은 꿈에도 생각지 못했습니다. 그렇기 때문에 당연히 컴퓨터 사이를 전선으로 이어서 정보를 주고받을 수 있게 되었을 때, 그 네트워크 전체가 어느 정도로 고도의 역할을 하게 될지 전혀 생각하지 못했습니다.

그러나 곧 새롭게 진화해가는 그러한 정보 환경의 변화를 몸소 느끼게 되었습니다. 예를 들어 저와 같은 불교학자들에게 가장 소중한 자료는 오래전부터 전해져온 경전이나 불교철학서 등을 모아놓은 '대장경大藏經'이라는 경전의 모음입니다. 그 전까지만 해도 한쪽 벽을 가득 채울 정도로 쌓여있던 '대장경'이 CD나 USB 한 개에 전부 들어갈 수 있게 되었습니다. 그 USB 한 개만 가지고 있으면 언제든지 대장경의 정보를 찾아볼 수 있다는 사실을 알게 되었을 때의 충격은 지금까지도 잊혀지지 않습니다. 게다가 검색 기능을 사용하면 순식간에 원하는 단어를 찾을 수 있다는 것은 마치 꿈만 같았습니다. 그때까지만 해도 한 개의 단어를 찾기 위해서 며칠 또는 몇 달에 걸쳐 '대장경'을 샅샅이 뒤져야만 했는데, 그러한 작업이 클릭 한 번이면 2~3초 만에 해결되어버렸으니 정말 머리가 하얘질 정도로 놀라운 충격이었습니다.

그때부터 25년이나 지난 지금은 인터넷이 없던 시절의 모습을 생각조차 할 수 없습니다. 저 같은 사람이 인터넷의 편리함에 대해 이런저런 이야기를 굳이 말할 필요도 없이 지금은 누구라도 인터넷과 함께 살아가는 시대가 되었습니다. 그 편리함이란 하나하나 나열할 수 없을 정도로 다양하여 앞으로도 인간의 라이프 스타일을 혁신적으로 변화시켜갈 것입니다.

어떤 기술이든 마찬가지지만 기술 그 자체에는 좋은 것도 나쁜 것도 없습니다. 새로운 기술의 탄생이란 '지금까지 할 수 없었던 것을 가능하게 해주는 것'이기에 그것을 사용해 무엇을 할지는 기술을 이용하는 인간의 문제입니다. 금속의 정밀가공기술이 발명되며 우리의 생활이 매우 편리해진 것과 동시에, 그것을 사용한 살상무기도 진화하였습니다. 원자력 에너지의 등장은 세계의 에너지 공급에 큰 축복을 주었습니다만, 반면 핵무기나 핵물질오염 등의 공포도 만들어냈습니다.

　편리한 기술은 그 편리함을 어떤 방향으로 전환하는가에 따라 편리함으로 사람들을 행복하게 해줄 수도 있고, 편리함으로 사람들을 괴롭게도 할 수 있습니다. 사람들이 모두 성인군자일 수도 없고, 누구나가 마음속에 다소의 탐욕이나 권력욕이라는 번뇌를 지닌 채로 태어났습니다. 어떠한 기술이든 그 '번뇌투성이의 인간'의 손에 의해 사용된다는 숙명을 짊어진 이상 많든 적든 사람들을 불행하게 만들 요소가 반드시 들어있습니다. 그리고 그것은 이 시대의 새로운 기술인 인터넷에도 당연히 적용되는 것입니다.

인터넷과 업

▬▬▬ 인터넷은 상상할 수 없는 편리함을 지닌 동시에 상상할 수 없는 불행의 씨앗이 될 수도 있습니다. 그러한 첫 번째 이유는 바로 인터넷이 업의 작용을 일으킨다는 점입니다.

우선 앞서 설명한 업의 세 가지 원칙 중 제1원칙을 떠올려주십시오. 그 내용은 다음과 같습니다.

제1원칙 : 사람이 행한 선악의 행위는 전부 빠짐없이 기록된다.

20세기까지였다면 이러한 생각은 초현실적 현상의 하나로 여겨졌을지도 모릅니다. 확실히 나쁜 일은 아무리 숨기려고 해도 반드시 언젠가 발각된다는 이야기는 도덕적 교훈으로서는 자주 언급되었지만 그것이 어떤 경우이든 예외 없이 반드시 그렇게 된다는 말은 아니었습니다. 아무도 보지 않는 곳에서 몰래 저지른 일은 절대로 발각되지 않을 거라는 생각이 우리가 사는 세계의 오염된 상식이기도 했습니다. 걸리지 않으면 그걸로 전부 끝이라는 생각으로 사람들은 잘못을 숨기고, 거짓말을 하고, 나쁜 일을 저질러왔습니다. 그러나 인터넷과 그것을 이용한 다양한 기억장치가 이러한 잘못된 상식을 완전히 뒤집어버렸습니다.

  우리 생활 속의 예를 들어보겠습니다. 최근 대부분 차량에는 블랙박스(차량운행기록장치)가 설치되어 있습니다. 주행 중 도로와 주변 차량의 정보를 기록하는 장치입니다. 이 블랙박스로 인해 차량을 운전할 때 발생하는 여러 상황들을 영상으로 기록할 수 있게 되었습니다. 이것이 얼마나 편리한 기술인가는 뉴스 등에서 교통사고를 수습하는 영상 등을 통해서도 확인할 수 있습니다. 사고가 발생했을 때나 재해를 입었을 때, 또는 다른 차량과 접촉 사고가 생겼을 때 등 여러 문제가 발생했을 때 그 상황이 그대로 기록되기 때문에 나중에 책임 소재를 확인할 수 있는 든든한 의지처가 되어줍니다. 말하자면 운전할 때 운전자를 지켜주는 보호자와 같은 역할을 합니다. 수많은 자동차들이 블랙박스로 서로 기록하면서 도로는 기록장치들의 바다가 되었습니다. 이러한 모습을 다른 시각으로 바라보면 운전할 때 우리는 싫든 좋든 상관없이 모든 행동이 기록되어진다는 것입니다.

현재까지는 계속 보급하고 개발 중이라서 기록이 지워지거나 녹화가 안 되는 경우도 종종 발생하지만, 점차 기술이 발달되고 다양한 기능이 도입됨에 따라 기록의 저장이 보다 강화되어 앞으로는 운전 중의 모든 행동이 하나도 빠짐없이 기록되는 시대가 올 것입니다.

블랙박스가 '운전 중에 생기는 문제들을 대비하는 보험'이라면, 그러한 아이디어를 일상생활에까지 확장시킬 때 당연히 '모든 일상생활 속에 생기는 문제를 대비하는 보험'이 만들어집니다. 자동차에 설치하는 것이 아닌 한 사람 한 사람 각각의 신체 속에 설치하는 기록장치가 나오게 될 것입니다. 그리고 이미 그러한 기술이 어느 정도 완성되어 있지만 그 보급이 미뤄지고 있다고 들었습니다. 현재는 스마트워치와 같은 액세서리 형태로 보급되고 있으나 아마도 곧 더욱 작은 크기로 소형화가 이루어져 옷의 단추나 안경테와 같이 생활에 밀착된 물건에 카메라나 여러 센서들이 장착되어 보급될 것입니다. 그럼 모든 사람들이 서로 관찰하고 서로 기록하는 시대가 됩니다. 차량용 블랙박스가 아닌 인간용 블랙박스가 되는 것입니다.

'다른 사람과 만났을 때 자신의 모습이나 목소리가 디지털 데

이터로 모두 기록된다'고 하면 필시 그것은 강력한 범죄 예방 효과를 발휘하게 될 것입니다. 다른 사람에게 위협을 가하면 그 순간 범인으로써 기록되는 이러한 시스템은 매우 훌륭하기 때문에 금방 전 세계에 보급될 것이 틀림없습니다. 이렇게만 사용된다면 분명 좋은 것이지만, 다른 시선으로 본다면 인간 사회의 모든 것이 낱낱이 기록되는 시대가 온다는 뜻입니다. 자기 주변에 사람이 있다는 그 자체가 '지금 내 모습이 기록되고 있다'는 것을 의미하게 됩니다.

그러나 이 정도에 그친다면 아직까진 여유가 있습니다. '누군가 있으면 기록되지만, 아무도 없는 곳이라면 기록장치도 없는 것이기에 거기서 저지른 일은 걸리지 않을 것이다'라고 생각한다면 조금이나마 여유있는 기분을 지닐 수 있을 겁니다. 그러나 아쉽게도 그건 불가능합니다. 앞으로의 시대는 주변에 사람이 없더라도 모든 행동이 전부 기록되는 시대가 될 것이기 때문입니다. 자기 혼자서 컴퓨터나 스마트폰을 사용해 아무도 모르게 한 행동이 그대로 인터넷에 보내져 기록되어진 경험은 인터넷을 사용하는 사람이라면 누구라도 한 번쯤 겪어봤을 겁니다. 인터넷에서 특정 홈페이지에 접속하거나, 또는 무언가를 사거나 하면 그 기록이 관리회사에 보내져 그 후에 그와 비슷한 정보나 물건이 추천되어 화면상에 나오게 됩니다. 이것은 그 사람의 취향이나 흥미의 대상이 어느새 외부에 제공되어 빅데이터로 이용된 것입니다.

지금 단계에서는 아직 '자신의 기호가 인터넷을 통해 외부로 흘러나간다'는 것을 우리들 자신도 어느 정도 인지한 채로 인터넷을 이용하고 있지만, 머지않아 그러한 단계를 훌쩍 뛰어넘어 본인도 전혀 모르는 새에 자신의 기호, 성격, 일상의 행동이 자동적으로 인터넷에 기록되는 시대가 옵니다. 그 장본인이 바로 IoT(사물인터넷)입니다.

IoT란 Internet of Things의 약자로 우리 주변 사물(Things)이 인터넷에 접속되어 항상 정보를 주고받으며 서로를 제어하는 기술입니다. 현재는 아직 과도기 단계여서 컴퓨터나 스마트폰 등의 인터넷에 접속되어진 장치에서만 정보가 기록되지만, 머지않아 IoT가 더욱 발달하고 보급되면서 냉장고나 텔레비전 등의 모든 전자제품이 인터넷으로 연결될 것입니다. 그 속도는 하루하루 빨라지고 있습니다.

모든 순간이
시시각각
기록된다

아직까지도 이러한 이야기가 먼 미래의 일이라고 생각하신다면 예를 하나 들어보겠습니다. 현재 우리나라 가전회사에서는 이미 IoT를 적용한 냉장고를 판매하고 있습니다. 이 냉장고는 안에 들어있는 식자재의 종류나 양을 인식하며 게다가 언제 어떤 식자재가 사용되는지를 기록할 수 있습니다. 지금 남아있는 재료를 파악하여 "오늘 밤에는 이 메뉴가 어떻습니까?"라고 제안을 하거나, 사용자의 식자재 사용 패턴을 학습하여 "이제 곧 계란을 살 때가 되었습니다"라고 미리 알려주는 기능까지도 들어있다고 합니다. 이게 무엇을 의미하는가 하면 냉장고 자신이 그 냉장고를 사용하는 사람의 취향을 파악하고 있으며 언제 무엇을 먹었는지까지 기록하고 있다는 사실입니다.

지금 단계에서는 아직 인터넷과 연동이 원활하지는 않지만 이 기능이 보다 발달하면 냉장고가 인터넷을 통해 식품회사에 연락하여 부족한 양만큼의 식자재를 자동으로 주문한다든가, 사용자가 좋아하는 식자재 가격을 자동으로 인터넷 검색을 하여 가장 저렴한 곳을 찾아 구입하는 등의 역할을 하게 될 겁니다.

이것이 냉장고, 세탁기, 텔레비전, 에어컨, 밥솥에 이르기까지 모든 '전기'를 사용하는 제품에 설치되어 사용자를 도와줘서 무엇 하나 불편함이 없는 왕과 같은 안락한 생활을 실현시켜주는 것이 IoT기술의 기본이념입니다. 정말 멋진 일이지 않습니까? 그러나 이처럼 멋진 행복을 가져다주는 기술이 반대로 무서운 불행을 가져올 수 있는 가능성도 있다는 점이 중요합니다.

이처럼 우리 주변의 모든 것들이 인터넷과 연결되어 우리 생활을 도와주는 시스템은 꿈만 같은 미래를 열어주지만, 그것을 다른 면에서 생각해보면 우리 생활의 모든 것이 인터넷에 시시각각 기록되는 것이기도 합니다. 얼굴 모양, 행동 패턴, 말투, 식습관, 만난 상대, 읽은 책, 시청 프로그램, 몰래 다녀온 수상한 장소, 숨겨둔 재산, 뒷담화 등 하나부터 열까지 디지털화되어 인터넷의 정보저장창고에 점차 쌓여갑니다. '내가 뭘 했는지', '뭘 말했는지' 등의 외면적인 행동뿐만 아니라, '내가 뭘 좋아하는지', '내가 마음속으로 뭘 생각하는지' 등의 다른 사람에게 보여주고 싶지 않은 내면 속의 비밀까지도 읽혀지게 됩니다. 일상의 행동에서 인터넷이 자동적으로 나의 본성을 파헤쳐 그에 맞는 대응을 합니다. 그러한 세계가 곧 현실화된다는 것입니다.

거기에 현재 가장 주목받는 AI(인공지능)까지 합쳐지면, 이 분야의 발전은 경이로울 정도로 강해지기에 자칫하면 내 자신이 알지 못하는 나의 숨겨진 모습을 AI가 지적하는 일까지도 생길 수 있습니다. 일단 그 사람의 DNA정보가 유출되어버리면 숨겨진 기질이나 병에 걸릴 위험성 등 알고 싶지 않은 자신의 미래까지도 기록됩니다. "이 사람은 스스로는 성실한 사람이라고 생각하지만, 실은 이러이러한 정신기능이 있기에 어떠한 상황에서는 정신이상을 일으킬 것이다" 등으로 AI가 사람을 판단하고 자신도 모르는 사이에 개인정보로 기록되는 일까지도 생길 수 있습니다. 앞으로의 사회가 어떠한 방향으로 나아가든 우리들 한 명 한 명의 모든 말과 행동, 마음까지도 인터넷에 보고되고 분석될 것입니다.

집에 있으면 IoT에 감시받고, 밖에 나가면 곳곳에 설치된 카메라나 지나치는 사람들이 지니고 있는 블랙박스로 감시받으며, 가족끼리 캠핑을 가든 혼자 여행을 가든 가는 곳마다 어디든지 기록장치의 바다가 기다리고 있어서 그 감시망으로부터 달아날 수 없는 그러한 세계가 등장하게 됩니다. '기록되는 것을 거부할 수 없는 세계'라고도 말할 수 있습니다.

  20세기까지 가졌던 '아무도 없는 곳에서 저지르면 모른다'는 느슨한 생각은 '인터넷이 보고 있지 않은 곳이란 어디에도 없다'라는 새로운 세계의 등장으로 순식간에 사라져버렸습니다. 이건 실로 업의 제1원칙이 현실화되었다고 볼 수밖에 없습니다. 우리 행동이 모두 감시받고 그 모습은 하나도 남김없이 인터넷 속에 전자데이터로 남겨지게 되는 것입니다.

업의 세계에
신은 없다

━━ 인터넷이 매우 과격한 업의 작용을 가지고 있다는 사실을 제가 알게 된 것은, 2016년에 공표되어 전 세계에 충격을 안겨준 파나마 문서(Panama Papers) 사건 때문이었습니다. 파나마 문서 사건이란 '역외 조세 피난처(Offshore Leaks)'라고 불리는 세율이 낮은 지역의 조직을 이용해 전 세계 수십만의 기업이나 개인이 탈세행위를 저지르고 있던 것이 인터넷 정보유출로 인해 한꺼번에 폭로된 사건입니다. 이때 유출된 정보는 500만여 통에 가까운 이메일 내용, 200만 개 이상의 PDF파일, 100만개 이상의 사진 등입니다. 단순히 이것들뿐이라면 아무 쓸모없는 방대한 단편적 정보와 기록에 지나지 않지만, 이것들을 많은 전

문가들이 모여서 분석하고 분류하여 '어느 나라의 누가 무슨 일을 했는지'를 수개월에 걸쳐 밝혀낸 것입니다. 거기에는 위법행위도 상당수 포함되어 있어서 많은 당사자들에게 책임을 묻게 되었습니다. 바로 일상 속에서 일어난 단편적 행위의 흔적들이 인터넷에서 서로 연동되어 발생한 업의 과보입니다.

이 문서에 실려 있던 것은 회사 등의 법인뿐만이 아닌 이른바 부유층이라고 하는 개인들도 포함되어 있었습니다. 즉 앞으로 조금만 더 진화하면 전 인류의 한 명 한 명이 인터넷에 정보가 노출되는 수준에 이르는 장면이 눈에 보일 정도로 선명해졌습니다. 저는 이 사건의 경과를 지켜보던 중 인터넷이라는 시스템 그 자체가 업의 작용을 포함하고 있다는 사실에 눈을 뜨게 되었고, 앞으로 세상에서 이 시스템이 발달하면 할수록 그 업의 힘이 더욱 강해질 것이라고 예상했습니다. 그리고 앞으로 인류는 인터넷의 힘에 묶여 무서운 결박감 속에서 살아가게 될 것인데, 이는 붓다가 무엇보다 경계한 삶의 모습으로서 그것에서 벗어나는 것이 붓다 가르침의 핵심입니다. 그렇기에 틀림없이 붓다의 가르침이 이러한 문제에 대해 해답을 제시해줄 것이라고 생각했습니다.

인터넷의 감시 기능과 업의 제1원칙과의 사이에는 또 하나의 공통점이 있습니다. 그건 시스템에 명확한 주재자主宰者가 없다는 점입니다. 천주교나 이슬람교와 같은 일신교의 세계에는 우리 행위를 바라보며 칭찬해주거나 때로는 벌을 주거나 하는 주체로서의 '신'이 존재합니다. 어떻게 보면 인간미가 있는 신이라는 존재가 우리들 한 명 한 명의 행동을 보고 있어서 그의 인간적 판단으로 우리 삶의 방향이 결정되어간다는 의미입니다. 경우에 따라서는 나쁜 짓을 저질렀어도 성심성의껏 그 죄를 반성하고 마음을 바꾼다면 신이 정상을 참작하여 범죄 기록을 없애준다는 식의 희망도 가질 수 있습니다.

그러나 업에도 인터넷에도 그러한 인간미는 전혀 없습니다. 어느 쪽이든 한 치의 오차도 없이 정밀하게 정보를 기록하는 '자동 기록시스템'이기에, 사람들의 사정이나 생각에 흔들리거나 적당히 봐준다는 일이 없습니다. 한 번 행동한 것은 그 모습 그대로 정보화되어 보존됩니다. 단지 그것뿐입니다. 이러한 냉철함을 옛날식으로 표현하면 하늘은 뭐든지 항상 지켜보기에 '하늘 무서운 줄 알아라'고 한 것과 잘 맞아떨어집니다.

예전에는 '아무도 안 보고 있는 것 같아도 하늘만큼은 항상 지켜보고 있다'고 했습니다. 이 '하늘'의 비유에 어떤 인격적 작용이 있는 것은 아닙니다. 그저 항상 두루두루 비추는 작용을 비유해 말한 것으로 '우리들의 행동을 빠짐없이 기록하는 존재' 정도의 이해입니다. 거기에 있는 것은 어디까지나 기계적인 세계입니다.

즉 인터넷 세계는 이 하늘의 작용이 부활한 세계입니다.

이상의 내용이 '사람이 행한 선악의 행위는 전부 빠짐없이 기록된다'는 제1원칙의 설명입니다. 다음으로 제2원칙과 제3원칙에 대해서 살펴보겠습니다. 이 두 개의 원칙은 밀접하게 이어져있기에 함께 다루겠습니다.

> 제2원칙 : 기록된 선악의 행위는 업이라는 잠재적 에너지가 되어 보존되고, 언젠가 반드시 어떠한 형태로든 본인에게 그 결과를 가져온다.
> 제3원칙 : 업의 에너지가 그 결과를 가져오는 경우 그것이 어떠한 형태로 나타나는가는 예측 불가능하며, 원인이 된 선악의 행위로부터 그 결과를 추측할 수도 없다.

붓다 시대의 인식에서는 사람이 행동한 선행과 악행은 업으로 기록되어 그 정보는 절대로 사라지지 않고 영원히 보존됩니다. 다만 그것이 보존되는 동안 외면상으로는 어떠한 일도 일어나지 않습니다. 그렇다고 해서 보존되는 동안 조금씩 업이 줄어들어 그만큼 줄어든 과보가 생기거나 언젠가 업이 없어진다는 것은 있을 수 없습니다.

업은 우리들이 인지할 수 없는 불가사의한 에너지로 시간을 초월해 계속 보존되며, 그리고 어떤 특정 조건이 갖추어졌을 때 돌연 그 결과(과보)를 한꺼번에 드러냅니다. 예를 들어 어떤 사람이 살인이나 강도와 같은 흉폭한 행동을 저질렀다면 그 행동이 업을 만들고, 그 업의 에너지는 그 사람에게 그림자와 같이 들러붙어 언제까지라도 함께 합니다. 그러나 그림자와 같이 들러붙어 있다고 해서 그것이 어떠한 해를 입히거나 하는 것이 아닌 그저 한결같이 '들러붙어' 있을 뿐입니다. 그런데 그 사람의 상태가 크게 변화하여 다른 형태로 바뀌어 갈 때, 예를 들면 죽어서 윤회하여 다른 생명체로 다시 태어나는 것과 같은 때에, 그 '들러붙어' 있던 업의 에너지가 돌연 힘을 발휘해 당사자에게 무서운 고통이나 괴로움을 줍니다. '살인의 업 때문에 다시 태어날 때 지옥의 망자로 태어나버렸다'는 식입니다. 이처럼 업의 힘이 결과를 낳을 때는 한꺼번에 모든 에너지가 방출된다는 형식을 취하고 있습니다.

보다 악질적인
업

■ 그럼 인터넷에 보존된 우리들 개인정보가 그 후 어떻게 되는가 하는 문제에 대해서 이야기하겠습니다. 다양한 형태로 우리 일상은 빠짐없이 감시되고 그 기록은 인터넷으로 보내져 디지털데이터로 보존됩니다. 그러나 이 단계에서 우리에게 무언가가 생기는 것은 아닙니다. '내가 다른 사람과 함께한 대화', '내가 갔던 장소', '내가 들은 음악', '내가 즐겨먹는 음식' 등 이러한 단편적인 개인정보가 아무리 인터넷에 산처럼 쌓인다고 하더라도 그건 그다지 중요한 의미가 없어서 아무 문제도 생기지 않습니다. 그것들이 나에게 좋은 과보를 전해줄 리도 없고, 무서운 과보를 안겨줄 리도 없습니다. 말하자면 이건 업이 단순

히 보존되어 있는 상태에 불과합니다.

그러한 단편적인 정보들에는 전부 발신원을 나타내는 태그(꼬리표)가 붙어있습니다. 예를 들면 제가 말한 것들이나 행동한 것들이 전자정보가 되어 계속해서 인터넷에 보내지는데, 그 작고 세분화된 정보 하나하나에 '이 발신원은 사사키 시즈카이다'라는 걸 증명하는 태그가 붙어있다는 것입니다.

길거리 편의점에서 물건을 살 때 모습이 어딘가의 카메라에 찍혀서 그것이 그대로 인터넷에 보내지고 그 영상 속에는 제 얼굴이 담겨져 있습니다. 현재 얼굴 인식 시스템의 발달과 보급은 경이로운 속도이기에 머지않아 전 세계 한 명 한 명의 얼굴을 모두 분류할 수 있는 것은 어려운 문제가 아닙니다. 마스크를 쓰고 선글라스를 꼈다고 하더라도 그 사람 얼굴만의 특징을 통해 구분할 수 있는 기술까지도 이미 진보했다는 뉴스를 접했습니다. 그렇기에 그 편의점에서 물건을 사는 사람의 영상에는 '이 사람은 사사키 시즈카이다'라는 태그가 자동으로 붙는 것입니다.

얼굴 인식이 가능해지면 당연히 한 명 한 명의 목소리를 듣고 구분하는 음성 인식, 나아가 체형 인식이나 생활 습관 인식 등도 머지않아 우리 일상에 보급될 것입니다. 물론 DNA 인식이 이러한 인식 기술 중에서 무엇보다 가장 널리 활용될 것입니다.

이러한 기술 진보와 함께 아무리 작고 단편적인 정보라고 하더라도 그 발신원이 누구인지를 명확하게 구분하는 시대가 옵니다. 그렇게 되면 인터넷에 보존된 상상할 수 없을 정도로 방대한 양의 모든 개인정보 데이터에 그 발신원이 된 사람을 구분하는 태그가 붙는 것입니다. 이것을 업으로 말하면 '저지른 행위에 의해 만들어진 업이 그대로 보존되는 상태'입니다.

그럼 이제부터 어떤 일이 일어나는 것인가? 업이라면 어떤 특별한 조건이 갖추어졌을 때, 그때까지만 해도 눈에 띄지 않고 얌전히 지내던 업이 돌연 모든 에너지를 방출하여 행위자 본인에게 막대한 영향을 끼칩니다. 하늘의 신으로 태어나거나 지옥에 떨어지거나 하는 등의 삶의 대전환을 가져오는 것입니다.

인터넷의 개인 데이터도 이것과 똑같아서 조건이 갖추어지지 않는 동안에는 조각조각의 파편으로 여기저기 흩어진 채로 보존되어 있습니다. 그러나 그 하나하나에 발신원을 구분하는 태그가 붙어있기에 '어떤 특정 개인에 관한 정보를 전부 확인하고 싶다'는 의지가 작용되면 그 태그를 사용해 실제로 전부 구분하고 확인할 수 있습니다. 즉 '아무개'라는 사람에 대한 것이 알고 싶다거나, 또는 숨겨진 비밀을 알고 싶다고 누군가가 생각하면 인터넷의 단편적 정보만을 모으기만 하면 되는 것으로 실제로 이것은 그다지 어려운 작업이 아닙니다.

누가, 언제, 그러한 작업을 할지? 도대체 왜 그러한 일을 하려는지? 그건 전혀 예상 불가능합니다. 제가 모르는 곳에서 저를 증오하는 누군가가 있을지도 모릅니다. 그저 재미로 또는 우연히 저에 대해 알아보려는 누군가가 있을지도 모릅니다. 어떤 인연으로 만났던 사람이 좋은 뜻으로 저에 대해 알아보던 중에 불필요한 정보까지 얻게 될지도 모릅니다. 단편적 정보가 어떠한 이유로 융합하여 전체적 이미지를 형성할지는 사전에 전혀 알 수 없는 것입니다.

어찌되었건 그때까지는 조각조각 흩어져 아무 관계도 없이 보존되었던 인터넷의 정보가 어떠한 계기로 모여서 융합되면, 거기에는 당사자 본인도 예상 못했던 정밀한 인간상, 즉 좋은 면도 나쁜 면도 하나도 빠짐없이 포함된 형태로 떠오르게 됩니다.

이것이 인터넷 카르마의 무서운 점입니다. 거기에 떠오른 인간상은 결코 본인의 모습을 바르게 나타낸 것이 아닙니다. 개인의 정보가 낱낱이 기록되는 것까지는 완전히 기계적 작용입니다만, 그 다음 단계부터 불특정다수의 사람들이 마음대로 손을 대거나 변형시키는 행위가 들어가는 것입니다. 정보를 편집하는 측의 자의적인 선택으로 좋은 정보만을 모아서 합친다면 좋은 인물상이 만들어지지만, 일부러 나쁜 정보만을 합쳐 악마의 편집을 한다면 거기에는 사악하고 악질적인 인물상이 만들어집니다. 당사자 본인이 실제로 행동한 것이 그대로 솔직하게 투영되는 것이 아니라 어디의 누구인지도 모르는 제3자에 의해 편집된 형태로 세상에 퍼지게 되는 것입니다. 본인의 책임보다 한층 무거운 결과가 되어 되돌아온다는 점에서 인터넷의 업은 붓다 시대의 업보다 악질적입니다.

일그러진
인과 시스템

　붓다가 생각한 업은 어떤 행위를 한 사람에게 그 행위에 상응한 양만큼의 결과가 되돌아온다는 시스템이었습니다. 하지 않은 일에 대해서는 어떤 결과도 생기지 않고, 행위보다 많은 양의 결과가 오는 일도 없습니다. 이처럼 업은 기계적인 정확성으로 작동하는 공정한 시스템으로 여겨졌습니다.

　그러나 21세기가 되며 새롭게 생겨난 인터넷의 업, 즉 인터넷 카르마는 보존되어 있던 단편적 정보가 모이고 융합하는 단계에서 사람의 손이 더해지는 것으로 '왜곡'이 됩니다. 어떻게 왜곡되는가는 누가 정보를 모으고 누가 그것을 융합하는가에 달렸기에 그때가 되지 않으면 알 수가 없습니다. 그리고 이렇게 한번 왜곡된 모습으로 세상에 나오게 된 인물상은 곳곳으로 퍼지게 되고, 그 왜곡된 정보에 대해 세상으로부터 다양하고 수많은 댓글과 반응이 나오게 됩니다.

칭찬, 존경과 같이 좋은 반응도 있을 겁니다. 반대로 비난, 경멸의 소리가 들리는 경우도 있을 겁니다. 그것은 단순한 '바깥의 소리'에 그치지 않습니다. 그렇게 과장된 인물상에 대한 세상의 반응은 다시 인터넷으로 흘러들어가 실제 일상생활에도 큰 영향을 줍니다. 모두에게 '훌륭한 사람'이라 불리며 존경받던 사람이 어느 날 갑자기 '악인', '범죄자'로 불리며 사회적으로 매장되는 극단적인 결과로 이어지는 일도 벌어집니다.

천주교와 같은 일신교라면 사람이 행동한 일에 대해 어떠한 과보를 줄지 결정하는 것은 '신'의 일입니다. 신은 분명 '엄중한 존재'일지도 모르지만 적어도 '사악'하지는 않습니다. 나쁜 뜻을 갖고 고의로 사람을 괴롭히는 행동 등은 절대로 하지 않는 순수한 존재입니다. 그러나 인터넷의 경우, 거기에 보존된 단편 정보를 사용해 특정 인물상을 만들어 내는 것은 무수한 번뇌에 물든 보통의 인간입니다. 다른 사람의 불행이 무엇보다 즐겁다는 사람도 있을 것이고, 자신보다 행복해 보이는 다른 사람을 용서할 수 없다는 사람도 있을 겁니다. 그러한 불특정다수의 악한 마음이 모여 업의 과보를 만드는 것입니다. 이것이 인터넷 카르마의 무서움입니다. 일신교의 관용적인 신의 결정에 의한 것도 아니고, 붓다 시대의 업과 같은 기계적인 공정함에 의한 것도 아닙니다. 오로지 번뇌투성이인 수많은 인간들의 악한 마음으로 움직이는 것이 인터넷 카르마의 세계입니다.

어느 날 우연히 들뜬 기분에 저지른 짓궂은 장난이 영상으로 인터넷에 기록되어 세간의 주목을 끌게 되며 이름이나 주소, 일상의 근황까지 알려지게 되는 일이 실제로 일어나고 있습니다. 그 사람을 향해 무수한 비난이나 욕설이 쏟아지지만, 그 비난의 대상이 된 것은 그 사람의 실제 인격이 아닌 어디까지나 인터넷에 퍼져있는 그 영상 속의 인물상에 지나지 않습니다.

"이런 짓을 저지른 녀석이 있다. 이름은 아무개이고, 주소는 어디이고, 평소에는 이런 일을 하는 녀석이다. SNS도 하고 있는데 이런 글도 쓴 적이 있다. 정말 최악인 녀석이다." 이런 식으로 부정적인 글이 인터넷에 올라오면, 그것이 마치 그 사람의 진짜 전체 인물상인 것처럼 여겨지고 사람들은 오직 그것만을 보고 그에게 마녀사냥과 같은 집중 공격을 하는 패턴입니다.

그러나 그 인물상이 정말로 그 사람의 참된 모습을 나타내는 것인지 아닌지는 영상만으로는 알 수 없습니다. 평소에는 친절하고 사람들을 공경하는 마음씨 착한 사람일지도 모릅니다. 그것을 누군가가 나쁜 정보만을 모아 편집하여 마치 사이코패스와 같은 이미지로 만들어 인터넷에 올리는 일도 있을 수 있습니다. 이러한 일은 인터넷 카르마이기에 가능한 일―그러진 인과의 시스템입니다.

이와 같이 살펴보면 인터넷 속에 보존된 개인의 단편 정보가 여러 우연들과 그리고 무책임한 제3자의 개입을 통해 융합하여, 어느 날 갑자기 한 사람의 인물상이 되어 세간에 퍼져 평가된다는 현상이 업의 제2원칙 '기록된 선악의 행위는 업이라는 잠재적 에너지가 되어 보존되고, 언젠가 반드시 어떠한 형태로든 본인에게 그 결과를 가져온다'에 해당된다는 것을 알 수 있습니다. 게다가 인터넷 카르마의 경우 그 결과가 반드시 원인의 무게와 맞아떨어지지 않고, 경우에 따라서는 원인보다 훨씬 무거운 과보가 되어 나타나기도 한다는 것입니다.

그리고 어떤 인물상이 만들어져 그것을 세간이 어떻게 평가하고 어떤 반응이 생길지를 전혀 예상할 수 없다는 점은 업의 제3원칙 '업의 에너지가 그 결과를 가져오는 경우 그것이 어떠한 형태로 나타나는가는 예측 불가능하며, 원인이 된 선악의 행위로부터 그 결과를 추측할 수도 없다'에 해당됩니다.

붓다는 2,500년 전에 우리들이 업이라는 불가사의한 힘에 속박된 가엾은 존재들이라고 생각했습니다. 그리고 그 업의 속박에서 벗어나 참된 안락과 행복의 경지에 이르기 위해서는 어떻게 하면 되는가라는 문제에 모든 인생을 걸고 수행하셨습니다. 그 해답이 바로 불교의 가르침입니다.

지금 우리는 그 업과 똑같은 작용을 가진 최신 기술을 손에 넣고 '참 편리하다'며 즐거워하고 있습니다. 그 기술이 우리 생활을 옴짝달싹할 수 없게 속박하는 것이라는 의식이 아직 충분히 자리 잡지 않았기 때문입니다. 인터넷이 본격적으로 업의 작용을 발휘하는 것은 아마도 5년, 10년 내의 머지않은 시기일 겁니다. 어쨌든 우리는 붓다 시대의 사람들이 느꼈던 업의 위력을 곧 몸소 깨닫게 될 것입니다. 그리고 이것이 중요한 점인데, 그 인터넷 카르마의 위력은 붓다가 생각했던 이상으로 강하고 악질적이며 무서운 것입니다. 이제부터 그 구체적인 상황을 살펴보겠습니다.

모든 인간이 '역사의 인물'이 되는가

━━━━━ 붓다 시대에 있던 본래의 업 사상에서 업의 과보는 그 사람이 저지른 일에 정비례하여 정확하고 공정하게 생겨났습니다. 그런데 인터넷 카르마의 경우는 업의 과보로서 받는 평가가 반드시 저지른 일에 비례하지 않습니다. 경우에 따라서는 하지도 않은 일에 대한 과보를 받는 터무니없는 일조차 생겨납니다.

실은 그러한 터무니없는 희생을 당해 후대에 자신의 인생이 마음대로 편집되어 전혀 다른 평가를 받는 인물이 생겨나는 일이 지금까지도 수없이 많았습니다.

예를 들어 전쟁영웅과 같은 인물입니다. 전쟁 중에 자신을 내

던져 전선의 맨 앞에서 부하들을 통솔하며 수많은 적들을 죽이고 나라를 구한 영웅은 누구나가 존경합니다.

그러나 한편으로 적들뿐만 아니라 포로들마저 잔혹하게 죽인 행위, 또는 민간인까지 희생시키며 적을 물리쳤던 행위들은 후대에 재평가받기도 합니다. 그러나 이러한 극단적인 이미지만으로는 역사 속 인물을 판단할 수 없고 보다 다양한 측면에서 바라봐야 합니다. 그리고 이처럼 동일한 인물에 대해서도 남겨진 단편적 정보를 어떻게 묶어서 합치는가에 따라 얼마든지 전혀 다른 인물상을 만들어낼 수 있습니다.

이와 같이 같은 인물이더라도 인생 속의 어느 부분을 어떤 기준으로 편집하는가에 따라 전혀 다른 모습이 되어버립니다.

또한 시대 흐름 속에서 자의적으로 평가절하된 인물도 있습니다. 예를 들면 기독교도들을 학살한 것으로 유명한 로마의 네로 Nero 황제는 온갖 악행을 저지른 인물로써 현재까지 악명을 떨치고 있습니다. 이는 '기독교를 박해했다'는 역사적 사실에서 만들어진 인물상으로 어느 정도 실제 모습이 반영되었는지는 지금까지도 정확하게 알 수 없습니다. '기독교의 포교를 방해하는 자는 극악한 사람이 틀림없다'는 전제가 네로를 희대의 악인으로 보이게 만든 것입니다.

대부분 역사적 인물의 모습이라는 것은 많든 적든 실제 모습과는 관계없이 역사적 편견이라는 필터를 거치며 변형되어 전해집니다. 그리고 그 변형된(왜곡된) 이미지를 토대로 우리는 '그는 훌륭한 인격자이다', '이 사람은 상상할 수조차 없는 악인이었다' 등으로 평가합니다. 네로는 언제까지나 극악한 사람이라는 평가를 짊어진 채 역사의 무대에 남게 되었습니다.

그러나 앞의 예는 모두 역사에 이름을 남긴 유명인에 대한 것뿐입니다. 이름도 모르는 일반인의 경우 그 발언이나 행위는 유구한 시간 속에서 잊혀지고 사라져 역사의 땅 속에 파묻혀버립니다. 즉 일부 사람만이 왜곡(편집)을 포함한 역사적 평가의 표적이 되고, 다른 대다수 사람은 아무도 모르게 사라져버립니다. 어떤 의미에서 '나에 관한 부당한 평가가 후세에 남겨지는 것은 아닐까'라는 걱정은 특별한 사람의 유명세와 같은 것으로 평범하게 사는 사람에게는 아무 인연도 없는 딴 세상 이야기와 같이 여겨졌습니다.

그런데 인터넷이 출현하면서 그러한 상황은 급변하고 있습니다. 불과 30여 년 전까지만 해도 세계를 향해 자신의 의견을 말할 수 있는 사람이란 극히 일부에 지나지 않았습니다. 정치인, 학자, 미디어 관계자 정도였습니다. 그러나 현재는 수십억의 사람들이 누구라도 전 세계를 향해 자신의 의견을 말할 수 있습니다. 그것은 말하자면 특별한 인물이 아니더라도 모든 사람들이 다양한 수준에서 평가의 표적이 될 수 있다는 말입니다. 게다가 한번 인터넷에 기재된 정보는 지울 수도 없는 '영구보존' 상태로 남겨지기에 모든 사람들이 역사적 인물로써 취급받을 수 있게 됩니다.

지금까지 '유명', '무명'의 차이로 달리 취급하던 구별법이 사라지고, 인터넷에서는 모두가 똑같이 평가 대상이 됩니다. 이는 바꿔 말하면 누구나 똑같이 과거 행위에 대한 과보를 받는다는 업의 원리가 현실화된 것을 의미합니다. 더군다나 그것은 과거 행위에 과장된 내용이 덧붙여져 지나친 결과, 잉여의 과보까지 따라온다는 의미에서 한층 과격한 업 시스템의 등장이라고도 할 수 있습니다.

인터넷 카르마가 행동한 것에 상응하지 않는 한층 심각한 과보를 가져오는 구체적 예를 살펴보겠습니다. 인터넷에서는 누군가의 행동이나 발언에 대해 수많은 사람들이 종종 '마녀사냥'이라고 칭해지는 비판과 악성 댓글을 퍼붓는 현상이 일어나고 있습니다. 그 대상이 반드시 유명인만이라고는 한정할 수 없습니다. 매우 평범한 일반인들까지 그 대상이 되기도 합니다.

마녀사냥은 대다수 경우 사소한 것이기는 해도 사회적으로 용인하기 어려운 행위에 대해 일어납니다. 예를 들어 음식점 점원이 재료를 함부로 다루는 영상이나, 손님이 빵이나 도넛에 몰래 침을 뱉는 모습 등입니다. 가벼운 생각으로 저지른 당사자는 이러한 영상이나 사진을 SNS 등에 올리면 '재미있다'는 호의적인 반응이 있을 거라고 생각했을 겁니다. 그러나 현실은 '무개념', '정신병자' 등의 비난이 쏟아지며 당사자의 예상과는 전혀 다른 이미지로 되돌아옵니다.

말 그대로 자업자득입니다. 그런데 원인이 된 행위와 그로 인해 초래된 결과를 비교해보면 지나치게 결과 쪽이 무거워진 것을 알 수 있습니다. 무엇보다 무서운 것은 당사자의 이름이나 주소 등 개인정보가 유출되어 인터넷 곳곳에 퍼져 '지워지지 않는 정보'로 보존되는 것입니다. 판매하는 도넛에 침을 뱉는 것은 말도 안 되는 개념없는 행동입니다만, 그로 인해 수많은 사람들로부터 비난을 받고 개인정보까지 유출되며, 심지어는 "이 사람은 평소에도 그런다" 등의 직접적인 관계도 없는 정보까지 덧붙여져 인터넷에 영원히 남겨지게 되는데, 과연 이 행위가 그 정도의 처벌을 받을 만한 잘못인가요? 특히 인터넷 카르마의 과보가 때때로 매우 심각한 지경에 이르게 된다는 사실은 짚고 넘어가야만 합니다. 즉 저지른 행위(원인)보다도 도가 지나친 무거운 과보(결과)가 오기도 한다는 것입니다.

잊혀지지 않는
무서움

━━━━━ 21세기에 등장한 '인터넷 카르마'라는 새로운 형태의 업 시스템이 가진 특성의 하나로 '결과가 온 뒤에도 업의 기록이 지워지지 않는다'라는 성질이 있습니다. 붓다 시대의 업은 저지른 행위의 결과로서 괴로움에 처하거나 또는 안락한 곳에 태어나면 그걸로 업의 에너지는 완전히 소비되고 그 이상의 어떠한 일도 일어나지 않습니다. 한 번의 원인이 한 번의 결과를 낳고 그걸로 끝이라는 매우 단순한 시스템으로 여겨졌습니다.

그런데 인터넷의 업은 다릅니다. 단편적으로 쌓여있던 정보들이 누군가의 조작에 의해 편집되는 순간 거기에는 행위의 결과로 '왜곡된 인물상'이 갑자기 등장하여 그것을 둘러싼 칭찬이나 비난 등 다양한 반응들이 생겨나는 게 인터넷 카르마의 '과보'라는 것인데, 이때 갑자기 등장한 인물상은 그 후에도 인터넷에 기록된 채로 사라지지 않습니다.

본래의 업 사상이라면 결과로서의 과보가 생기면 그걸로 업의 에너지는 완전히 소멸하여 그 영향력은 제로 상태가 됩니다. 한 번의 행위가 한 번의 결과를 낳는다. 그걸로 끝입니다. 그런데 인터넷의 경우는 그 결과로서의 인물상이 인터넷에 계속 남겨집니다. 인터넷 카르마에는 '잊혀지지 않는' 무서움이 따라다니는 것입니다.

지금 우리 인류는 '잊혀져가는 존재'에서 '잊혀지지 않는 존재'로 변화해가는 과도기에 있습니다. 인터넷이 우리들의 본질적인 존재성을 변화시키고 있는 것입니다. 분명 '잊혀지기' 위한 시스템의 개발도 진행되고 있으나, 실제로 거대한 인터넷의 세계에서 정보를 완전히 제거한다는 건 불가능한 일입니다.

평범한 사람들은 죽고 난 뒤 잊혀지는 것이 슬픈 일이라고 생각합니다. 그렇기에 정성을 다해 묘지를 만들거나, 자신의 자서전을 자비로 출판까지 하며 자신의 존재를 남기려고 하지만, 상당한 업적을 세운 사람이 아닌 이상 후세에 기억되는 경우는 기껏해야 4대에도 이르지 못합니다. 자신의 4대 전 조상이라면 고조부모, 즉 조부모의 조부모 세대로 그 수만 해도 16명에 이르지만,

독자 여러분은 집안의 고조부모님 존함을 한 분이라도 알고 계십니까? 한 분도 모르는 경우가 더 많을 것이고, 혹시 알고 있다고 하더라도 그분이 어떤 인물이고 무슨 일을 하셨는지 구체적인 모습을 알고 계실 리가 없습니다.

　'분명히 계셨지만 이름도 업적도 모르는 선조'라는 다소 막연한 존재를 우리들은 '조상님'이라 부르며 숭배의 대상으로 여기고 있습니다. 이것이 조상숭배 신앙입니다. 동양의 조상숭배 신앙에도 다양한 종류가 있는데, 불교에서는 33년째나 50년째의 추모재 때 법요(제사)를 마치는데 이 시점에 '죽은 한 사람'에서 '영혼들의 한 일원'으로 바뀐다고 생각했기 때문입니다.

　고령화가 진행되고 있는 지금도 50년 전에 돌아가신 친족의 일생을 기억하는 분이 계실지도 모르지만, 돌아가신 지 50년째를 추모하는 자리에서 고인을 추억하는 이야기 대부분은 흐릿한 기억과 추측들일 겁니다. 그렇게 세월과 함께 한 개인의 삶의 이야기도 사라져가고 그 존재는 영혼의 세계로 들어가는 것입니다.

　그러나 인터넷에 온갖 기록이 디지털 데이터로 남겨지면 그에 대한 기억이 사라지지 않고 생생한 모습으로 언제까지나 보존됩니다. 조상숭배 신앙도 성립하지 않게 됩니다. 몇 대 앞의 조상이더라도 잠깐 검색만 하면 그분의 인생이 그대로 영상이나 사진으로 출력되기에 더 이상 조상님으로서의 신령함을 지니기가 어려워집니다. 살아있었을 때의 모습과 순간들이 언제까지나 보존되는 것입니다. 생각해보면 이보다 무서운 일은 없을 것입니다.

세대를
초월하는
업

▬▬▬▬ 예를 들어보겠습니다. "나는 군인 집안의 자손이다"라는 사람이 있다고 칩시다. 일반적으로 군인이나 참전용사라고 하면 훌륭한 이미지가 있기 때문에 "우리 집안은 대대로 군인이다" 하는 것은 일종의 자랑스러운 의미입니다.

그러나 보다 깊게 생각해보면 군인이란 본래 전쟁에 참여하는 사람이기에 그 집안의 계보를 한참 거슬러 올라가면 어딘가에 사람을 죽인 적이 있는 조상이 있을 가능성이 매우 높습니다. 즉 "나는 군인 집안의 자손이다"라고 공언하는 것은 "나는 살인자의 자손이다"라고 하는 것과 같은 말이 됩니다.

그러나 실제로는 "그럼 당신은 살인자의 자손이네요"라고 말하는 사람은 아무도 없을 겁니다. "우리 집안은 대대로 군인입니다"라는 말을 듣자마자 "정말 훌륭한 집안입니다"라고 반응하는 것이 세간의 일반적인 반응입니다. 그렇기에 거짓으로 자신의 집안을 속여 "우리 할아버지는 군인이었다"고 말하는 사람이 있을 정도입니다. 그럼 왜 이런 반응이 있을까요?

그건 이미 서로를 죽이며 싸우던 전쟁의 시기가 한참 지나 세월이 흘렀고, 세계대전, 베트남전쟁, 6.25전쟁 등 많은 전쟁들이 역사책의 한 페이지로 남아 지금 세대들에게 전달되며 군인과 참전용사에 대한 훌륭한 이미지만이 남아있기 때문입니다. 살육이 난무하고 처참한 전쟁의 생생한 모습은 점차 세월과 함께 사라지고 막연한 이미지와 이야기만이 남겨져 후대로 이어집니다. 이러한 현상이 바로 조상숭배 신앙의 기반이 되는 것입니다.

그러나 인터넷에서는 생생한 정보가 그 상태 그대로 남겨집니다. 만약 여러분보다 수세대 뒤의 자손이 자신의 조상에 대한 관심으로 여러분의 이름을 검색해본다면 그동안 SNS나 블로그 등에 적었던 창피한 글이나 사진, 또는 학창시절의 철없는 모습이나 보여주고 싶지 않은 학교 성적, 그리고 연애 때의 180도 다른 모습 등을 구체적이고 생생하게 찾아볼 수 있게 됩니다. 이로 인해 자손이 여러분에 대해 존경하게 될 수도 있고 다소 부끄러워할 수도 있습니다. 또한 여러분은 아마도 그러한 모습들을 자손들에게 정말 보여주고 싶지 않을 거라고 생각합니다.

  그러나 이 정도에서 그친다면 다행으로 여겨야 합니다. 만약 여러분이 어떤 죄를 저질러 그 기록이 인터넷에 남겨진 경우, 여러분의 자손은 그것 때문에 힘든 일을 겪게 될지도 모릅니다. 아무 죄도 없는 자손이 반영구적으로 범죄자의 자손으로 '기억'되어 사람들에게 비난을 받게 되기 때문입니다. 부모, 조부모, 증조부모가 범죄자였던 기록이 사라지는 일도 잊혀지는 일도 때론 미화되는 일도 없이 마치 어제 일어난 일과 같이 선명한 모습으로 이 세상에 남겨지는 것입니다.

  만약 그로 인해 자손이 어떠한 불이익이나 부당한 차별 등을 받는다면 그건 선조의 업이 자손에게 괴로움을 준 것이 됩니다. 그리고 그러한 상황을 나타내는 유명한 속담이 있다는 걸 여러분은 이미 잘 알고 계십니다. 바로 '부모의 업보가 자식에게 이어진다'라는 말입니다.

  예전의 업보다도 인터넷 카르마의 경우가 무섭다는 것이 바로 이 점입니다. 본래 업의 결과는 자신에게만 되돌아오는 것이었습니다. 그런데 이 시대의 새로운 업은 그 결과가 인터넷에 계속 보존되기에 세대를 초월해 대대손손 그 과보를 끊임없이 전해줍니다. 바로 '부모의 업보가 자식에게 이어진다'는 세계가 인터넷을 통해 지금 펼쳐지고 있습니다.

끊임없이
받게 되는
업의 과보

인터넷에 좋지 못한 인물로 거론되며 그 순간은 온갖 비난을 받았다고 하더라도 세월과 함께 사람들 기억에서 멀어지면 어느 순간부터는 화제에도 오르지 않습니다. 그 외에도 다양한 사건들이 벌어지며 변덕스러운 세간의 눈이 어딘가 다른 곳으로 향하면 '그걸로 안심'하며 가슴을 쓸어내립니다. 붓다 시대의 업이라면 분명 '그걸로 안심'할 수 있습니다. 이미 업의 결과가 생겨났기에 두 번 다시 부정적인 시선을 받지 않아도 됩니다. 다른 악업의 결과가 찾아와 다시 괴로움을 받는다고 하더라도 한 번 결과가 생겨난 업의 과보는 두 번 다시 반복해서 생겨나는 일은 없습니다.

그러나 새로운 형태의 인터넷 카르마는 다릅니다. 하나의 행위가 업이 되어 그 결과가 몇 번이고 반복해서 생겨납니다. 어째서 이런 일이 생기는가 하면 이유는 앞서 말한 것과 같습니다. 바로 업의 결과로서 창작된 '왜곡된 인물상'이 반영구적으로 인터넷에 보존되어 있기 때문입니다.

일단 기억의 저편으로 사라졌다고 생각한 사건이라도 10년 후나 20년 후에 누군가가 그와 비슷한 사건을 저지르면 그것과 관련지어 돌연 다시금 수면 위로 떠오르게 됩니다. 새롭게 일어난 사건을 본 사람들은 예전을 떠올리며 "그러고 보니 예전에도 비슷한 일이 있었었네", "근데 그때 그 사람은 지금 어떻게 살고 있나?", "한번 검색해봐야겠다"라며 그저 재미 삼아 그렇게 검색을 해서 "지금은 이런 곳에서 이런 일을 하며 살고 있네"라고 정보를 찾아내 인터넷에 올립니다. 그러면 다시금 그 업의 과보가 되살아나 찾아오게 되는 것입니다.

사람은 10년 정도 지나면 주변 환경이 제법 바뀌게 됩니다. 인터넷에서 주목을 끌었던 시기가 10대였던 사람이 10년 후에는 결혼을 해서 가정을 꾸리고 있을지도 모릅니다. 그러나 그렇게 시간이 지났어도 예전에 저질렀던 행동이 다시금 되살아나 언급되고, 게다가 앞으로 얼마나 더 반복되어 이어지게 될지 누구도 알 수 없습니다. 자신이 죽고 난 뒤 자식에 손자까지도 계속 언급될

지도 모르는 일입니다.

이처럼 인터넷 카르마의 무서운 업의 반복은 많은 사람들을 '괴로운 인생'으로 몰아갑니다. '자신 주변의 가족, 지인, 자손에 이르기까지 과보를 받게 한다', '과보가 몇 번이고 반복해서 찾아온다'는 이 두 가지 특징은 붓다가 생각했던 업보다도 한층 무서운 특성입니다.

이미 모든 주변이 디지털 기억장치로 가득 메워져 있어서 자신의 모습을 희미한 망각에 기대 조금이라도 미화시키는 것조차 허용되지 않습니다. 이러한 모습은 '고달픈 삶'이라고밖에 표현할 수 없습니다. 항상 마음속에 불안요소를 지니고 불행하다고 느끼더라도, 그렇다고 해서 어디선가 그 문제 해결을 위한 명쾌한 대답을 얻을 수도 없는 채 우울한 삶을 이어갈 수밖에 없습니다. 바로 붓다가 느꼈던 '삶의 괴로움'이 인터넷 카르마로 인해 한층 강해진 것입니다.

인터넷에 속박된
고통의 세계에서
벗어나기 위해서

고대 인도에서 업의 괴로움에서 벗어나기 위한 방법을 끊임없이 고민한 분이 붓다입니다. '머리말'에서도 소개했듯이 저는 붓다의 절대적인 신봉자입니다. 그러나 붓다가 설한 업의 시스템은 믿지 않았습니다. 붓다는 비할 자가 없는 총명한 분이지만, 사람인 이상 당시 인도 사회의 통념을 그대로 받아들이지 않을 수 없었을 것이라 생각하며 부정적인 시선으로 보았습니다.

분명 붓다가 생각했던 업의 시스템은 지금의 세계관에서 보면 비과학적이고 불합리할 겁니다. 객관적인 과학자라면 '무의미한 망설'에 지나지 않는다고 할 것입니다. 그러나 지금까지 설명했던 바와 같이 인터넷이 등장하면서 현실화되고 있는 인과관계를 붓다의 가르침과 대조하여 이해해보면 이 세계에는 분명 업의 힘이라는 것이 존재합니다. 그리고 우리는 그 작용에 속박되어 쉴 틈 없이 휘둘리며 살아가야만 하는 현실을 봅니다.

물론 "붓다는 이런 21세기의 상황까지 예상하고 있었다"는 식으로 말할 생각은 없습니다. 붓다가 설한 업과 인터넷 카르마는 전혀 다른 시스템이고, 더구나 붓다가 설한 업에는 과학적 신빙성이 없습니다. 그럼에도 양측의 유사성을 지적하는 것에는 큰 의미가 있습니다. 왜냐하면 붓다는 그 업의 괴로움에서 벗어나기 위한 방법을 우리에게 알려주신 분이기 때문입니다.

붓다는 노병사老病死의 괴로움에서 벗어나기 위해서는 윤회에서 나와 두 번 다시 이 세상에 태어나지 않는 상태를 추구해야 한다고 설하였습니다. 그러한 상태를 열반涅槃이라고 합니다. 그리고 승가僧伽라고 하는 출가수행 공동체를 조직하여 그 안에서 제자들을 교육하였습니다. 즉 업에 속박되지 않는 독자적인 사회를 만들어 그 안에서만 수행과 생활을 한 것입니다. '업을 만들지 않는 생활'을 하기 위한 특별한 생활환경, 그것이 승가입니다. 붓다를 중심으로 운영되는 승가의 모습에는, 업에 얽어매어진 세계 속에 존재하면서도 그 업으로부터 영향을 받지 않으며 살아가기 위한 방법이 담겨 있습니다. 당연히 그 방법은 21세기의 새로운 업에도 적용된다고 생각합니다.

앞으로의 시대에서 새로운 업이 주는 스트레스로 인해 힘든 삶을 보내게 될 우리들이 어떻게 하면 참된 안락과 행복을 손에 넣을 수 있을지. 그 힌트가 바로 붓다가 만든 승가라는 조직 속에 들어있습니다.

물론 예전 출가자들과 같이 집과 재산까지 버리고 한곳에 모여 생활하면 인터넷에서 멀어질 수 있다는 이야기가 아닙니다. 붓다 시대의 생활을 다시금 실천하자 등의 꿈같은 이야기를 할 생각도 전혀 없습니다.

그러나 어찌되었건 인터넷으로부터의 압박을 참고 견딜 수 있는 새로운 생활 방법이 필요하게 된 것은 틀림없기에 그것을 어떻게 실현할 것인가를 생각함에 즈음하여 2,500년 전 그 문제 해결에 일생을 마친 사람이 있었다는 사실 자체가 하나의 중요한 지침이 될 것입니다.

그래서 다음 장에서는 인터넷 카르마가 끊임없이 생겨나는 현대사회에서 새로운 생활 방법을 찾아내기 위한 힌트를 생각해보겠습니다.

제 一 장

인터넷 카르마에
대항하기 위해서

선과 악의
기준은
무엇인가

　　　　　인터넷이 새로운 업의 세계를 만들어 낸다는 이야기를 이어왔습니다. 이번 장에서는 불교가 얼마나 업과 마주하며 대항해왔는지, 그리고 그 방법이 인터넷 카르마에 어떻게 적용될 수 있는지에 대하여 이야기하겠습니다.

　붓다는 우리들 행동의 좋고 나쁨을 개인적으로 판단할 수 있는 절대신과 같은 존재는 어디에도 없다고 했습니다. 즉 무엇이 선이고 무엇이 악인지를 정하는 절대적 기준을 외부에서 알려주는 존재는 없습니다. 그 경우 당연히 선악의 기준은 자기 자신이 정할 수밖에 없습니다.

　그렇다면 어디에서 그 기준을 구하면 될까요? '선악의 바른 기준을 정합시다'라고 할 경우, 그 '바른'이라는 것은 어떤 의미인지? 선악의 기준을 바르게 정한 경우와 잘못 정한 경우에는 무엇이 어떻게 다른 것인지? 이러한 문제를 붓다는 깊이 사유하였고 결국 명쾌한 해답을 제시하였습니다. 바로 업이야말로 선과 악을 구분 짓는 유일한 기준이라는 것입니다.

어떤 행위를 했을 경우 그것 때문에 미래에 자신이 괴로운 일을 겪게 된다면 그 행위는 '악'입니다. 그리고 반대로 그 행위로 인해 자신에게 즐거운 일이 일어난다면 그건 '선'입니다. 선과 악은 그 결과가 자신에게 있어 즐거운 일인지 싫은 일인지 그 하나로 정해진다고 붓다는 말씀하셨습니다.

이것만 들으면 마치 자기 마음대로이며 이기적인 이론이라고 생각할지도 모릅니다. 선악이라는 것은 보다 숭고한 차원에서 정해져 있는 것이 아닐까? 그건 인류가 탄생하기 이전부터 우주의 삼라만상 전체를 관장하는 절대적인 기준으로서 설정되어있는 것이 아닐까? '나중에 즐거움이 생기니까 선이다'라든가, '괴로움을 가져오기에 악이다' 하면서 자신의 상황에 맞춰 정하는 것은 아닐 것이다. 그런 애매모호한 기준이라면 사람에 따라 모두 다른 선악관을 가지게 되어 세상이 엉망진창이 되어버릴 것이다. 이런 식의 비난이 쏟아질지도 모릅니다.

그러나 이러한 붓다의 선악관 토대에 업의 작용이 있다는 사실을 잊어서는 안 됩니다. 제멋대로인 우리 생각과는 별개로 이 세상에는 기계적인 정확성으로 작동하는 업이라는 선악 판단의 시스템이 있어서, 우리가 저지른 행동 하나하나가 이 시스템 속에서 자동적으로 판단되어 행위에 상응하는 과보가 반드시 되돌아오게 됩니다. 어디에도 비할 바 없는 정확성을 지닌 냉철한 선악 판단 시스템이 있기 때문에 "업의 힘으로 나중에 즐거움이 생길만한 행위가 선이다", "괴로움이 생길만한 행위가 악이다"라고 구분 지어 생각할 수 있습니다. 그것은 사람이 제멋대로 생각하여 그렇게 판단하는 것이 아니라, 업의 기계적 작용으로 엄밀하고 공정하게 정해져 있습니다. 외부에 절대자의 존재를 인정하지 않는 세계에서는 업의 작용이야말로 선악을 구분 지을 수 있는 유일한 기준이라는 붓다의 생각은 더없이 이성적이라고 말할 수 있습니다.

그렇기에 만약 이 상황을 깊이 생각하지 않고 '좋은 것과 나쁜 것이 있다면 좋은 쪽을 고르겠다'는 상식적인 생각으로는 '나쁜 결과를 가져오는 행위를 피해 좋은 결과가 생길만한 행위만을 하면 된다'는 식이 됩니다. 바꿔 말하면 선업을 쌓아 많은 즐거움을 손에 넣는 편이 이상적인 삶의 방법이라는 것입니다.

그러나 붓다는 그리 생각하지 않았다는 것을 제1장에서 이야기했습니다. "그 즐거운 생활이라는 것은 진정한 즐거움이 아니다. 왜냐하면 그것은 일시적인 것으로 영원한 즐거움이 아니기 때문이다. 시간을 초월해 이어지는 진정한 안락이란 즐거움도 괴로움도 추구하지 않는 평상시와 같이 흔들림 없는 마음을 손에 넣었을 때 비로소 성취하는 것이다"라고 설하였습니다. 제행무상諸行無常한 윤회세계 속에서 일시적인 즐거움, 일시적인 행복을 손에 넣음으로써 무언가 달라지는 것이 아니다. 만약 영원한 즐거움이라는 것이 있다고 한다면 그건 세속의 일시적인 즐거움을 추구하며 허덕이는 생활을 떠난 고요하고 평온한 자기탐구의 생활에서만 찾을 수 있는 것으로 그 최종적 결과가 '깨달음'이며 '열반'이라고 붓다는 생각했습니다.

이러한 붓다의 생각은 인터넷 카르마의 시대를 살아가는 우리들에게 정말 정확한 조언이 되어줍니다. 작은 행동 하나하나가 인터넷에 영원히 기록되어 그 결과가 언젠가 어떠한 형태로든 반드시 되돌아온다는 무서운 시스템에 둘러싸인 채 우리들이 진정한 안락을 구하려 한다면 어떠한 생활 방법을 취해야 되는가라는 문제에 해답을 주는 것입니다.

단 한 번 저지른 좋지 못한 행위가 인터넷 카르마의 시스템에 의해 비판의 대상이 되어 몇 번이고 거듭 반복되는 끝없는 괴로움의 과보를 가져옵니다. 이는 분명 '악행이 괴로움을 가져온다'는 원칙의 인터넷적인 표현입니다. 그와 반대로 좋은 행위가 인터넷에서 칭찬받고 모두로부터 존경의 대상이 되어 많은 사람들에게 그 인간적 가치가 평가된다면 그걸로 궁극의 안락을 얻었다고 할 수 있을까요?

그것은 분명 '선행이 즐거움을 가져온다'라는 의미로 권장되어야 하지만, 우리들이 그것을 인생의 궁극적 목표로 삼을만한 것인지? 그것으로 우리 인생이 최고의 행복에 이를 수 있는지는 의문입니다.

모두로부터 칭찬받는다는 것은 모두로부터 주목받는다는 말이기도 합니다. 하지만 그것은 때에 따라 인터넷 사용자들의 질투심이나 공격 본능을 자극하기도 합니다. 인터넷을 통해 모두에게서 칭찬받는다는 것은 어디까지나 일시적인 즐거움에 지나지 않습니다. 그것이 한평생 이어진다면 좋겠으나 그런 일은 있을 수 없습니다. 분위기가 바뀌어 돌연 비난의 대상이 되는 극단적인 일은 비록 일어나지 않는다고 하더라도 변덕스러운 인터넷 사회 속에서 금세 잊혀지는 외로움을, 그러한 순간의 영예를 의지처로 하는 사람은 견디기 힘든 괴로움을 겪게 될 것입니다. 이제 막 행복한 한때에 들어선 사람은 그만큼 지금의 행복이 사라져버리는 것은 아닐까 하는 불안으로 불행해지는 것입니다.

"인터넷이야말로 자신의 행복의 근원이다"라고 생각해 거기에 완전히 빠져있는 사람이 인터넷의 부정적 작용으로 무서운 상황에 처해져 비로소 그것에서 벗어나려고 하는 모습은, 윤회 세계에서 세속의 행복을 악착같이 구하던 사람이 그 윤회로 인한 '삶의 괴로움'을 실감하고는 비로소 윤회에서 해탈을 바라며 불교에 들어서는 상황과 매우 유사합니다. 윤회 세계=인터넷 사회라는 구조에서 생각하면 그 실태가 잘 들어맞습니다.

인터넷에서 받는 평가를 본질적인 '괴로움'이나 '즐거움'이라고 생각해버리면, 이처럼 덧없는 현상에 속박되어 고통받고 우울한 일생을 보낼 수밖에 없습니다. 비록 그것이 언뜻 '즐거움'을 가져오는 것처럼 보이는 행위라도 '인터넷의 가치관에 그 사람을 더욱 속박한다'는 의미에서 실제로는 '악'입니다.

인터넷 속에
존재하는
선악의 이중 구조

▬▬ 인터넷 사회의 선악관에 붓다가 생각한 것과 동일한 이중 구조가 존재하는 것이 이해되셨는지요?

어떤 행위를 했더니 인터넷에 의해 괴로움을 받게 되었다. 다른 행위를 했더니 인터넷으로부터 즐거움을 받게 되었다. 이러한 인과법칙에 근거하면 인터넷으로부터 괴로움을 받을 것만 같은 행위가 악이고, 반대로 인터넷으로부터 즐거움을 받을 것만 같은 행위가 선이라고 정의할 수 있습니다. 이는 언뜻 보면 단순명료한 선악의 기준으로 보입니다. 당연히 그로 인해 '그러니까 즐거움을 받도록 좋은 일만 하자'라는 윤리관을 생각하겠지만, 이것이 이중 구조의 아랫부분에 해당되는 것입니다. 그러한 윤리관을 갖고 사는 것이 결코 틀린 것은 아니며, 그러한 즐거움을 얻는 것을 인생의 목표로 하는 사람이 있더라도 아무 문제가 없습니다. 사람의 가치관은 저마다 다르기 때문입니다.

다만 거기에는 영원히 이어지는 참된 즐거움이 없습니다. 좋은 일을 한 결과로 인터넷 속 사람들로부터 칭찬받았다고 하더라도 거기에 참된 의미의 안락은 존재하지 않습니다. 그런 평가는 금세 잊혀져버리거나, 혹은 그것이 원인이 되어 반대로 비난의 대상이 되기도 합니다.

극단적으로 말해 인터넷에서 '좋아요'를 받기 위해 인생의 에너지를 소비하고, 그 결과로 '좋아요'를 많이 받게 되었다고 하더라도 그 즐거움이 한평생 이어지지 않습니다. 때에 따라서는 주목받는 것이 오히려 역효과를 불러와 괴로움의 원인이 되기도 합니다. 때문에 그러한 점을 충분히 인지해두지 않으면 안 됩니다.

붓다는 그러한 세속의 선악을 뛰어넘은 곳에 이중 구조의 상위에 해당하는 선을 설정하였습니다. 그것이 불교의 가장 중요한 가르침입니다. 선이든 악이든 세속적인 가치관을 토대로 한 행동 원리를 떠나 자신의 수행을 기반으로 하는 마음의 안정화로 괴로움도 즐거움도 없는 평온한 마음의 상태를 최고의 즐거움으로 본 것입니다.

이를 인터넷 카르마의 세계로 그대로 옮겨 생각해보면, 인터넷을 기반으로 한 세간적인 가치관에서의 괴로움이나 즐거움이라는 개념을 떠난, 인터넷에서 받는 평가를 자신의 가치라고 생각하지 않는 마음의 상태를 실현한 곳에서 참된 안락을 발견하게 되는 것입니다.

인터넷의 가치관에서
멀어지기 위해서

▬▬▬▬▬ 지금 우리는 아무리 발버둥을 치더라도 인터넷 사회에서 독립하여 살아갈 수 없습니다. 설령 자기 혼자서 인터넷과 상관없이 산다고 하더라도 주변 환경의 모든 것들이 인터넷으로 작동되는 현대에서 홀로 정보를 차단하고 살아가기란 불가능합니다.

종종 "그렇게 인터넷이 싫으면 컴퓨터나 스마트폰을 안 보면 되지 않나"라며 태평하게 말하는 분들도 있으나, 인터넷 없이 현대 사회인으로서 생활이 성립되지 않는다는 것은 인정할 수밖에 없는 사실입니다. 이는 즉 아무리 '업에 속박되어 사는 것이 싫다'고 생각하더라도 그 인과법칙에서 벗어난 삶을 살 수 없다는 강한 압박감에 짓눌려 있던 당시 불교수행자들의 생각과도 일치하는 것입니다.

그렇기에 붓다의 가르침을 토대로 우리가 가야만 하는 길을 생각해보면, 그것은 인터넷과 관계를 유지하면서도 그 인터넷의 가치관에서 벗어난 자기수행을 통해 삶의 가치를 찾을 수 있는 길이 보입니다. 여기에는 '인터넷의 가치관에서 벗어난다'는 행위와 '자기수행을 통해 삶의 가치를 찾을 수 있다'는 두 가지 행위가 포함된다는 것에 주목해주십시오.

'인터넷의 가치관에서 벗어난다'는 것은 자신을 불행하게 만들지도 모르는 세계로부터 몸을 피한다는 방어의 방법입니다. 그리고 '자기수행을 통해 삶의 가치를 찾을 수 있다'는 것은 그렇게 해서 인터넷의 가치관을 벗어난 사람이 참된 삶의 길을 찾아나간다는 적극적인 방법입니다. 이러한 두 가지 행동이 양 날개가 되어 바르게 기능할 때 그 사람은 충족된 인생을 실현하게 됩니다.

우선 '인터넷의 가치관에서 벗어나기' 위해서는 인터넷을 중심으로 구축된 자신의 세계관을 부수지 않으면 안 됩니다. 이것은 붓다의 가르침에서 말하면, 본래 마음속에 있는 세속적 가치관의 속박을 자신의 힘으로 없앤다는 것으로, 보다 불교적인 표현으로는 '마음속의 여러 번뇌를 없애는 것'이라고 말할 수 있습니다.

우리 마음속에는 태어날 때부터 존재하는 번뇌가 있는데, 그 본질은 '세속적인 즐거움을 추구하며 살아가려는 집착'입니다. 바로 돈이나 명예, 권력, 또는 좋은 아파트나 사랑하는 가족 등 다른 사람들이 부러워할만한 것을 갈망하며, 그리고 그것을 언제까지나 계속 지니고 누리고 싶다는 자기중심적인 무모한 욕심들입니다. 그리고 그것이 번뇌로 작용하여 우리 일상은 괴로움으로 가득 찹니다. 그렇기에 자신의 힘으로 수행을 하여 그러한 번뇌를 조금씩 없애나가 마침내는 세속의 즐거움을 구하려는 마음이 사라지게 하는 것입니다.

'인터넷의 가치관에서 벗어난다'는 것도 기본 구조는 앞의 것과 다르지 않습니다. 세속의 욕망을 실현하기 위한 강력한 도구로서 인터넷이 등장하였기 때문에, 인터넷을 이용해 자기의 욕구를 채우려고 하는 생각 그 자체가 번뇌입니다. 번뇌인 채로 행동하다보면, 때때로 즐거움을 손에 넣을 수 있을지도 모릅니다. 하지만 이것도 무상함이라는 파도에 휩쓸려 금세 사라져버립니다. 인터넷에 휘둘리지 않는 안정된 즐거움을 얻고 싶다면 번뇌를 없애지 않으면 안 됩니다.

인터넷에 속박된 채 행복을 구하려는 생각이 번뇌라고 한다면, 그것을 없애기 위한 방법은 2,500년 전에 붓다가 설한 '번뇌를 없애는 법'이 좋은 본보기가 될 것입니다. 붓다는 그것을 '계戒, 정定, 혜慧'라는 세 개의 시스템으로 설명했습니다.

먼저 '계'라는 것은 '생활을 바르고 규칙적으로 하는 것'입니다. 처음부터 칠칠치 못하고 한심한 생활을 해왔다면 마음은 순식간에 세속의 가치관으로 뒤덮여버립니다. '즐겁고 풍요롭고 싶다', '나쁜 짓을 하더라도 걸리지만 않으면 된다', '사람을 속여 이익을 취해도 그건 속은 사람이 잘못이다'라는 생각이 '한심함'의 바닥에 깔려있기 때문에, 우선 그러한 자세를 고치지 않으면 안 됩니다. 세속의 가치관을 벗어나 보다 높은 차원의 선을 추구하더라도, 그 첫 걸음은 역시 일상생활의 기본자세에서 시작합니다. 붓다의 가르침이 결코 일반사회를 떠난 부자연스러운 가르침이 아니라는 점이 여기에 나타나 있습니다.

인터넷의 정보수집력이 무서울 정도의 기세로 발전하고 있는 것은 앞서 이야기했습니다. 거리를 걷는 것만으로도, 사람들과 스쳐지나가는 것만으로도, 또는 집 안에서 가전제품을 만지는 것만으로도 우리 행동이 상세하게 인터넷에 기록됩니다. 그것이 시간을 두고 생각지도 못한 형태로 과보가 되어 덮쳐오는 것이 인터넷 카르마의 무서움입니다. 인터넷 카르마는 인터넷을 직접 사용하는 사람에게만 찾아오는 것이 아니라 인터넷으로 통제되는 이 현대세계에서 살아가는 모든 사람들을 끌어들여 움직이고 있습니다. 이러한 점 또한 붓다 시대의 업과 동일한 특성입니다.

그러한 극도의 감시 사회에서 우선 첫 번째로 염두에 두어야 할 것은 진중하고 양면성없이 솔직하게 행동하는 것입니다. 아무도 보지 않는다고 생각하여 방심하면 사람은 신중함이 사라지고 태어날 때부터 가지고 있던 번뇌인 채로 행동하게 됩니다. 욕망이나 질투, 또는 게으름이나 분노 등과 같이 평소 사람들 앞에서는 애써 감추고 있던 마음의 나쁜 습성이 그대로 얼굴에 나타나고 자기 마음대로 행동하게 됩니다. 붓다의 시대라면 "아무도 보지 않는다고 생각해도 업은 반드시 따라온다. 어느 때라도 업의 무서움을 잊지 말고 바르게 행동하라"고 잔소리를 할 수 있겠으나, 업을 믿지 않는 사람에게 그러한 훈계는 무의미합니다. 그리고 실제로 얼마 전까지도 많은 사람들에게 이러한 말은 낡아빠진 교설로밖에 여겨지지 않았습니다.

무엇이든 명분을 갖고 살기

━━━　상황은 계속 변하고 있습니다. 예전에는 '하늘 무서운 줄 알아라'고 했던 것이 지금은 '인터넷 무서운 줄 알아라' 하는 시대로 바뀌었습니다. 몰래 숨어서 저지른 일이라도 인터넷 시대의 정보수집망은 그것을 하나도 빠짐없이 디지털 데이터로 기록합니다. 파나마 문서 사건이 그 제1탄이었습니다.

업의 작용이 인터넷이라는 신기술을 통해 현실화되는 것은 명백한 사실입니다. 그것은 붓다가 제시한 생활 방법이 다시금 유효성을 발휘할 때가 된 것입니다. '아무도 없는 곳이라도 긴장을 놓지 말고 바르게 살아라'는 가르침이 말 그대로 '참된 가르침'으로서 의미를 갖게 되었습니다. "바르게 살아라 따위 허울 좋은 말일

뿐이다. 세상은 그렇게 단순하지 않아. 여러 가지 보이지 않는 사정도 있고 좋은 일도 나쁜 일도 가리지 않고 해야만 이 세상에서 살아갈 수 있어"라는, 예전 같았으면 어른들 의견으로 나름대로 존중되었을 견해도 인터넷 카르마 앞에서는 통용되지 않습니다. '속마음과 겉모습'이라는 표현이 있습니다. 그러나 속마음이 점차 파헤쳐지는 시대가 되면서 이러한 양면의 모습으로 살아가기가 곤란해졌습니다. 그렇다면 이제 자기 자신의 본질적인 사고방식을 바꿔 '전부 겉모습으로 살아간다'라는 자신을 새롭게 만들어야 합니다. '자신이 자신을 바꾼다'라는 붓다의 가르침이 실제 문제로써 필요해졌습니다.

그렇기에 우선적으로 우리가 몸에 익혀야 하는 것은 일상생활의 모든 곳에서 자신을 규제하여 인터넷 카르마의 먹이가 될 만한 행동을 삼가야 합니다. 그것이 바로 붓다가 설한 '계'에 해당합니다. 우선 그렇게 '계'를 지켜 안전성을 확보한 뒤에 다음 단계로 넘어가야 합니다.

'계'를 지키는 것으로 실수 없는 삶을 실천해가며 그 다음으로 '정'을 추구해야 합니다. '정'이라는 것은 본래 마음을 하나의 대상에 온전히 고정시키는 '정신 집중', '명상 상태'를 의미합니다. 그렇게 마음을 집중하여 자신의 심적 상태를 바르게 알고, 자신을 원하는 대로 만들어가기 위한 힘을 쌓는 단계입니다. 인터넷 카르마의 세계에서 말하자면, 인터넷의 정보에 일일이 신경쓰지 않고 마음을 단단히 붙들어 매어 그 정보와 정면으로 마주할 수 있는 '침착함'에 해당합니다.

그로 인해 인터넷이 자신의 마음을 뒤흔드는 일이 없고, 자신이 인터넷 정보를 제어하는 입장이 되어 그 위에 설 수 있습니다. 이러한 상태를 유지함으로서 인터넷이 무리하게 갖다붙이는 가치기준이나 좋고 나쁨의 판단에서 마음을 지켜내고, 객관적인 사고방식을 지니게 됩니다. 바로 '인터넷의 가치관에서 벗어나기' 위한 중요한 한 걸음입니다.

인터넷
승가

다만 붓다의 가르침이기는 하지만, '정'이 라는 단계는 자기 혼자서 이것저것 해본다고 해서 쉽게 할 수 있는 것이 아니기에 스승이나 선배의 지도가 중요합니다.

사실을 말하자면 가까이 지도해줄 수 있는 사람이 있어서 "이런 식으로 마음을 가라앉히고, 이런 식으로 마음을 집중시킴으로써 인터넷 정보에 휘둘리지 않는 확고한 상태를 실현할 수 있다"라고 친절하고 자상하게 가르쳐주는 것이 가장 좋지만, 인터넷 사회가 생겨난 지 얼마 되지 않았고 게다가 인터넷 카르마의 무서움이 아직 완벽하게 인식되지 않은 상태여서 그러한 훌륭한 지도자도 아직까지 나타나지 않은 상황입니다. 바꿔 말해 현재는 붓다와 같은 사람의 출현을 기다리고 있는 상태입니다.

따라서 '이거면 충분하다'라고 결정된 수행 방법은 어디에도 없습니다. 개개인이 각각 인터넷과 마주하며 궁리해나갈 수밖에 없는 단계입니다.

그런 의미에서 뛰어난 스님이 계신 사찰을 찾아 좌선수행을 배운다든가, 혹은 요가 등의 명상 수행을 실제로 해보며 마음을 집중함에 따라 자신이 어떻게 변화되는가를 직접 체험해보는 것도 큰 도움이 될 것입니다. 간단히 말해 시시각각 변화하는 인터넷에서 정보를 눈앞에 두고 그것을 받아들이면서도 마음만은 이쪽저쪽으로 흔들리지 않는 상태를 실현하는 것이 '정'의 기본입니다.

예를 들어 인터넷쇼핑에서 무심코 이것저것 구입해버리는 사람이라면, 이 '정'이라는 수행을 반복해서 닦으면 그러한 생활습관을 바꿀 수 있습니다. 눈이나 귀를 통해 인터넷에서 들어오는 정보의 홍수에 휩쓸려 무심결에 '순간 보고 순간 사버리는' 생활을 해온 사람이 마음을 안정시켜 정보에 동요되지 않는 자신을 만들어감으로써 '봐도 흔들리지 않고 들어도 흔들리지 않으며, 정보의 진가를 오로지 객관적으로 깊이 사유하는 사람'으로 바뀌게 됩니다. 또한 그것을 토대로 쇼핑뿐만 아니라 인터넷에 떠다니는 온갖 정보를 자신에게 좋은 것이든 나쁜 것이든 상관없이 넓은 시야로 여유롭게 내려다볼 수 있는 힘이 생깁니다.

앞에서도 말했듯이 명상 수행은 좋은 본보기가 됩니다. 불교에서는 우리 마음에 정보를 보내주는 감각기관이 여섯 개가 있다고 합니다. 눈, 귀, 코, 혀, 촉각 그리고 마음 그 자체입니다. 눈은 색이나 형태를 인식해 그 정보를 마음에 보냅니다. 귀는 소리, 코는 냄새(향기), 혀는 맛, 감각은 통증이나 차가움 등의 촉감을 마음에 보냅니다. 그리고 여섯 번째의 마음은 어제의 기억이나 떨어져 있는 사람의 형상이나 상상 속의 존재 등 오감으로는 파악할 수 없는 모든 대상을 인식합니다. 우리는 이 여섯 개의 감각기관으로부터 끊임없이 정보를 마음에 받아들이고, 그것에 대해 화를 내거나 집착하거나 상처받거나 즐거워하는 등 다양한 반응을 일으키는 그런 존재입니다.

그리고 이러한 감각기관으로부터 정보를 무방비 상태로 받아들이면 그 정보에 마음이 휩쓸려 결국엔 큰 고뇌가 찾아옵니다. 고뇌를 피하기 위해서는 정보가 유입되는 단계에서 확실히 통제하여 그 수압을 조절하고, 나아가서는 불필요하거나 무익한 정보는 거기서 잘라내어 자신의 발전에 도움이 되는 정보만을 평상심으로 받아들이는 겁니다. 이러한 수준에 이를 때 비로소 우리는 외부의 정보를 자기의 안락함을 위해 이용할 수 있습니다.

붓다가 생각한 이 인식시스템의 통제 방법은 실로 합리적이어서 그대로 인터넷 사회에서 수행할 때 적용할 수 있습니다. 지극히 단순하여 이상하게 여길지도 모르겠지만, 이 수행의 첫 걸음으로 "인터넷 화면을 볼 때 눈을 반 정도 감고 천천히 호흡하며 바라본다"는 방법이 의외로 효과가 좋습니다. 실은 저도 의식하며 이러한 방법으로 인터넷을 사용하고 있습니다. 이렇게 하면 화면상의 정보와 자신과의 사이에 있는 거리가 멀어진 것처럼 느껴집니다. 그리고 그만큼 정보가 곧바로 마음을 뚫고 들어오는 것을 방지할 수 있습니다. '시각을 제한하고 호흡을 가라앉힌다'는 것은 바로 불교 명상 수행의 첫 번째 단계입니다.

이처럼 아직 정해진 지도 방법도 없는 상황이기는 하지만, 불교 수행법을 본보기로 수행하면서 인터넷 사회에서 '정'의 수행 방법을 충분히 발전시켜갈 수 있습니다.

그중에서도 좋은 방법은 같은 처치나 기분의 친구들과 서로 연락을 주고받으며 각자의 수행이나 고뇌를 함께 고민하고 협력하여 마음을 향상시켜가는 방법입니다. 혼자서 할 수 있는 한계도 있고, 도중에 마음이 꺾여버리는 경우도 있습니다. 역시 같은 길 위에 있는 동료가 있다는 것은 무엇보다도 든든한 마음의 버팀목입니다. 붓다도 그러한 점을 충분히 이해하고 있었기에 "나의 가르침에 따라 수행하려는 자들은 반드시 함께 모여 공동생활을 해야만 한다"고 정하셨습니다. 그 붓다의 제자들이 만든 공동생활을 위한 조직을 승가僧伽라고 하는데, 승가가 바로 '사찰'의 기원입니다. 현대의 사찰 중에는 도심 속 상가나 건물에서 기도와 염불 등을 하는 곳들도 있지만, 본래 사찰은 수행을 일생의 목적으로 하는 출가자들이 함께 모여 살며 수행 정진하는 수행공동체를 의미합니다.

예를 들어 '해인사'와 같은 수행도량에서 열심히 정진하고 계신 스님들 모습에 그러한 수행자다운 모습이 고스란히 전해지고 있습니다. 승가는 혼자서는 쉽사리 나아가지 않는 마음의 수행을 도반들과 서로 이끌어주고 때로는 도와주며 함께 수행해나갈 수 있도록 붓다가 고안해낸 수행공동체입니다.

그렇기에 같은 문제에 직면해 있는 현대의 인터넷 카르마 세계에서도 같은 괴로움을 품고 있는 동료들이 함께 생활한다는 것에는 큰 의의가 있습니다. 당연히 붓다의 시대와 지금과는 생활 모습도 다르기에 '함께 생활한다'고 말하더라도 같은 장소에 모여 공동생활을 할 필요는 없습니다.

아이러니하지만, 많은 사람들을 괴롭게 하는 인터넷이 이 경우에는 최적의 장소가 되어줍니다. 인터넷 카르마로 괴로워하는 사람들이 서로 멀리 떨어져 있더라도 인터넷을 통해 메일을 주고받고 SNS나 카페, 밴드 등의 모임을 이용한 현대적 인터넷 승가를 만들어 그 안에서 함께 고민하고 괴로움으로부터 마음을 지켜내기 위한 수행 방법을 점차 개발하고 닦아나갈 수 있습니다.

자기 자신의
가치관을
세우기

　　　　　　　　　지금까지 '계'와 '정'에 대해 살펴보았습니다. 이제 마지막인 '혜'입니다. '혜'란 지혜를 말합니다. '정'의 힘을 기반으로 자신이 나아가야 할 길을 명확하게 알아차리는 힘입니다. 나아가서는 자신이 지금 바른 방향으로 나아가고 있는지, 잘못된 길에 빠져있는 것은 아닌지를 확인하는 힘도 포함되어 있습니다. '정'으로 인터넷 정보에 휘둘리지 않는 확고한 마음 상태를 만들 수 있기에 그 상태에서 이번에는 번뇌를 없애는 불교수행의 궁극적 목적을 이루기 위한 명확한 세계관을 몸에 익히게 됩니다. 그리고 이것이 익숙해진 단계에서 우리는 번뇌를 없애고 참된 안락에 도달할 수 있습니다.

인터넷 카르마 세계에서 말한다면, '정'의 수행으로 인터넷에서 쏟아지는 정보의 홍수에 휩쓸리지 않고 희로애락에 이끌려 반응하는 일 없는 바른 정신 상태를 만듭니다. 그리고 그 상태를 기반으로 인터넷에서 어떠한 정보가 날아들더라도 그것이 괴로움이 되지 않는 자신을 실현해 더 이상 인터넷 카르마를 만들지 않는 현명한 삶을 살아갈 수 있습니다.

이 '혜'를 몸에 익히기 위해서는 앞의 '정'과 마찬가지로 스승이나 선배의 바른 지도와 자기수행이 필수입니다. 불교적으로 말하면, 붓다의 가르침을 일심一心으로 수행해 그 위에 자신의 상황에 가장 적합한 방법을 고안해나가는 것입니다. 이 '혜'가 바르게 형성되지 않고 단지 '정'만으로는 허울뿐인 상태가 될 위험성이 있습니다. 외부 정보에 대해서는 견고한 성벽을 쌓았다고 하더라도 자발적으로 자신의 존재성을 갈고 닦기 위해서는 반드시 '혜'의 힘이 추가로 필요합니다.

인터넷 카르마의 세계에서 말한다면, 인터넷의 속박에서 해방되어 개개인 한 명 한 명의 가치관에 따라 안락한 길을 적극적으로 나아갈 수 있습니다. 실제로 취해야 할 행동으로는 제4장에서 소개하는 붓다의 말씀에 따라 바른 견해를 몸에 익히는 것입니다. 인터넷 속에서만 모든 것을 판단하고, 인터넷에서 즐거움을 추구하던 자신의 세계관이 이러한 붓다의 말씀으로 전혀 새로운 기준으로 재구축되는 상태야말로 '혜'의 최종 목표입니다.

예를 들어 이제까지 블로그나 여러 SNS에서 주목받고 칭찬받는 것이 무엇보다 삶의 가치가 있다고 여겼던 사람이 어떤 일로 인해 인터넷에서 비판의 대상이 되어 두려움이 밀려와 "나에게 삶의 가치란 결코 인터넷 속에서 유명해지는 것도, 모두에게 주목받는 것도 아닌 스스로 발견한 자신만의 가치관을 추구하는 것이다"라는 생각에 이르게 된다면 그것은 '혜' 수행의 첫 걸음입니다.

"그럼 자신만의 가치관이란 무엇인가?", "그걸 실현하기 위해서는 일상을 어떻게 변화시켜야 하는가?", "그것을 위해 해야 하는 것과 해서는 안 되는 것은 무엇인가?"라는 구체적인 행동 방법을 찾아내는 것도 '혜'의 힘입니다. '혜'를 수행하면 할수록 인터넷 세계밖에 눈에 들어오지 않았던 좁은 시야가 넓어지고, 인터넷의 정보로 울고 웃었던 마음이 전혀 다른 방향으로 바뀌게 됩니다.

그것은 다른 누군가가 아닌 우리 자신이 정한 길을 스스로의 힘으로 걸어감으로 만족스러운 생활이 실현되고, 바로 '자기 수행을 통해 삶의 가치를 찾을 수 있다'는 행위가 가능하게 됩니다.

이처럼 붓다가 설한 계, 정, 혜의 세 가지 시스템을 현대적인 의미로 이해함으로써 우리들은 '인터넷의 가치관에서 벗어나서 '자기 수행을 통해 삶의 가치를 찾을 수 있게' 되는 것입니다.

제三장

인터넷 카르마가
덮쳐 온다면

아이들에게
부정적 측면을
가르치기

▬▬▬▬ 인터넷이라는 새로운 기술이 등장하면서 지금까지 없었던 형태의 '괴로움'이 생겨났다는 이야기를 해왔습니다. 지금까지는 전체적인 이야기였습니다. 여기서부터는 조금 구체적으로 인터넷과의 상관관계 때문에 어떠한 문제가 생기고 그것을 어떤 방법으로 해결하면 좋을지에 대한 내용을 개별적으로 나누어 살펴보겠습니다.

저 역시도 매일 인터넷을 사용하는 사람 중 한 명입니다. 인터넷 없이는 일도 연구도 전혀 할 수 없는 그런 환경 속에서 살고 있습니다. 그렇기에 제 주변에 계시는 많은 인터넷 카르마의 피해자 분들에게 "그렇다면 인터넷 없는 세계에 틀어박혀 조용히 홀로 살아가면 되지 않겠습니까?"라는 식의 무책임한 말은 하지 않겠습니다. 게다가 지금은 인터넷 정보가 인터넷 밖으로 나와 실제 일상에까지 영향을 미치는 세계이기에, 본인이 아무리 인터넷에서 몸을 피해 있다고 하더라도 그 쏟아지는 업의 과보로부터 도망칠 수는 없습니다. 역시 어떻게든 인터넷과 정면으로 부딪치며 그 힘에 지지 않도록 자신을 만드는 것 이외에는 어떤 방법도 없습니다.

우선 처음으로 논의할 것은, 인터넷 카르마로부터 어떤 피해도 입지 않고 그 편리함만을 누리며 안락하게 생활하고 있는 사람들에게 드리는 제언입니다. 이들은 인터넷에 업과 동일한 작용이 있다는 것을 전혀 모른 채 오직 편리한 기술이라고만 생각하며 사용하는 사람들입니다. 실제로 대부분 인터넷 사용자들이 이러한 사람들이라고 생각합니다.

아무 불만도 없이 인터넷을 사용하는 사람들에게 일부러 인터넷의 무서움을 강조할 필요는 없다고 생각할 수 있지만, 그래도 역시 거기에 사람을 불행하게 만드는 작용도 있다는 점을 알아둘 필요는 있습니다. 자신이 괴로운 처지에 놓이기 전에 미연에 방지하는 것만이 아닌, 모르는 사이에 가해자가 되어 다른 사람을 불행하게 만드는 사태를 막기 위해서라도 중요합니다. 업의 특성 중 하나로 '원인이 되는 행위를 저지르고 나서 그 결과가 나타날 때까지의 사이에 긴 공백 기간, 즉 시간차가 있다'는 점입니다. 지금 하고 있는 행위가 언제 그 결과를 가져올지 알 수 없기에 늦기 전에 몸을 바르게 해두어야 한다는 것이 매우 중요합니다.

특히 인터넷을 이제 막 사용하기 시작한 아이들에게 인터넷이 가진 부정적 측면을 가르쳐두는 것은 무엇보다 중요합니다. 우리 인간은 태어날 때부터 훌륭한 윤리관을 지니고 있지 않습니다. 행동의 규범은 태어난 뒤에 주변 사람들에게 배우며 비로소 몸에 익히게 됩니다. 앞으로의 인터넷 사회에서 개개인의 윤리관이 그 사람의 인생에 매우 중대한 영향을 미치게 될 것입니다. 그렇기 때문에 그것을 제대로 교육해두는 것은 보호자의 중대한 책임입니다.

구체적인 예를 하나 살펴보겠습니다. 인터넷의 편리함에만 빠져 있으면 사람의 마음이 점차 약해져 진지하게 살아가려는 사람이라도 모르는 사이에 악인이 되는 예입니다.

최근에는 교육 현장에서도 인터넷이 무서운 기세로 보급되고 있습니다. 예를 들어 현재 많은 대학에서 학생의 출석을 인터넷을 활용해 확인합니다. 예전에는 선생님이 출석부를 보며 이름을 차례대로 부르며 확인하였으나, 그러한 방식은 점차 사라지고 학생 개인이 QR코드나 어플을 사용해 출석을 확인합니다.

그러나 이러한 스마트하고 편리한 방법에 무서운 부정적 측면이 있다는 것을 대부분 모르고 있는 듯합니다. 무엇이 무서운 점인가 하면, 이 시스템에는 본인도 모르는 사이 평범한 학생을 사악한 사람으로 바꿔버리는 작용이 숨어있습니다.

다음과 같은 방법이 있습니다. 수업 때 선생님이 특정 비밀번호를 알려주면 학생들이 그 번호를 출석 어플에 입력하고 출석버튼을 누르면 해당 수업에 대한 출석이 등록되는 시스템이 있습니다. 한 명 한 명 이름을 부를 필요도 없고, 자동으로 인터넷이 집계를 해주기에 학기별 출석 상황도 바로바로 알 수 있는 매우 편리한 시스템입니다.

그러나 생각해보면 이 방식에는 큰 편법이 존재하는 것을 금방 알 수 있습니다. 수업에 나온 학생이 그 비밀번호를 수업에 빠진 친구에게 메시지를 통해 알려주면 그 친구는 수업을 빠졌으면서도 출석했다고 인정받을 수 있습니다. 누구라도 알 수 있는 편법입니다. 만약 그러한 출석 기록을 토대로 성적이 매겨지고, 그 성적으로 학생들의 취직이나 인생이 결정된다면, 그것은 분명히 그냥 지나칠 수 없는 중대한 의미를 가진 문제이며 일종의 범죄 행위이기도 합니다.

그러나 학생 쪽에서 본다면 그러한 편법을 사용해 가짜로 출석을 하는 것이 잘못된 행동이라는 의미가 그다지 크지 않습니다. 이는 실제로 가짜 출석을 했던 학생과 이야기하며 알게 되었습니다. 그들의 의식에는 그다지 잘못된 행동을 했다는 생각조차도 없고, 오히려 '인터넷에 이런 편리한 방법이 있으니 잘 사용하는 쪽이 이득이다'라는 손익의 감정이 있었습니다. 수업에 안 나가도 출석한 게 될 수 있는 편리한 기능을 대학이 솔선수범해 사용하고 있기에 그것을 이용하는 그들에게 당연히 죄의식이 옅어질 수밖에 없다고도 생각합니다.

이처럼 현실세계라면 '부정', '나쁜 행동', '범죄'로서 비난받을 행동이라도 인터넷 세계에 들어서자마자 일상의 윤리관이 인터넷의 편리함으로 뒤바뀌어 '편리한 기능을 가능한 효율적으로 이용하는 것'이 옳은 것이고, '그것을 충분히 이용하지 못해 손해보는 것'이 나쁜 것이라는 전혀 다른 사고방식으로 탈바꿈해버리는 것입니다.

저와 이야기 나누었던 학생도 매우 진지하고 예의바른 학생이었습니다. 그러나 그런 평범한 학생이 인터넷 출석시스템을 잘못 이용하면서 어느새 자신도 모르게 '잘못을 잘못이라고 생각하지 못하는 인간'이 되어버리는 것입니다. 정말 비극적인 이야기입니다.

두말할 필요도 없이 잘못을 잘못이라고 생각하지 못하는 감각은 완전한 착각입니다. 인터넷에서의 악행이 범죄가 되어 법률적으로 재판을 받는 모습에서 알 수 있듯이 현실세계와 인터넷세계 사이에 범죄성의 차이는 존재하지 않습니다. 가짜 출석을 하는 것은 호명출석으로 하든지, 인터넷 시스템을 악용하든지 전부 잘못된 행동이라는 것에 변함이 없고, 그 행위에 대한 처벌도 똑같습니다. 착각을 착각으로 인식 못하고 본인도 모르는 사이 윤리관이 마비되어 인터넷 속에서 부정을 저지르는 것을 당연하게 여깁니다. 그리고 어느 날 그 행위의 과보를 받아 괴로운 상황에 처하게 됩니다. 이러한 모든 상황이 인터넷 시대가 새롭게 우리에게 가져오는 무서운 일상생활의 모습입니다.

출석 문제는 다소 하찮고 사소한 일에 지나지 않습니다. 그러나 그러한 사소한 일에 이르기까지 인터넷이 우리 마음을 왜곡시켜가고 있다는 사실이 중요합니다. 매일의 생활 속에서 인터넷을 통해 산더미와 같이 몰려오는 '사소한 일들' 하나하나가 우리의 윤리관을 조금씩 변형시키고 약하게 만든다면, 그 결과로 사람은 도대체 얼마나 달라질까요?

출석 문제와 같이 윤리관을 약하게 만드는 시스템이 편리한 기능이라고 해서 아무런 문제의식도 갖지 않고 대학에서 버젓이 사용되는 현상이나, 그리고 장차 사회에 나가려는 학생들 마음을 대학이 솔선해서 흔들리게 만드는 이러한 현상이 인터넷의 무서움을 잘 나타내고 있습니다.

최신기술로 사람이 행복해질지 불행해질지는 기술 측면의 문제가 아닌 그것을 이용하는 인간에게 책임이 있다는 것을 인식해

둘 필요가 있습니다.

중요한 것은 현상의 부정적인 면을 보는 힘입니다. 사람은 자신에게 좋은 면만을 보려 합니다. 그것은 세계를 자기중심적으로 보려는 인간의 본능이기에 어쩔 수 없습니다. 그러나 그 본능이 사악한 마음을 심고 나아가서는 그 사람 자신의 괴로움이 된다고 붓다는 말씀하셨습니다. 이제부터는 이 말의 의미를 진지하게 생각하지 않으면 안 되는 시대입니다. 나에게 편리하다, 잘 맞는다는 자기중심적 세계관에 사로잡혀, 함께 생활하는 친구들에게 자신이 '나쁜 권유'를 하고 있다는 생각조차 하지 못하고 있습니다. 조금씩이라도 이러한 상황을 알아차리고 바꿔가는 노력이 반드시 필요합니다.

'걸리지 않겠지'는
이미
낡은 생각

인터넷을 자주 사용하는 사람들이 쉽게 걸려드는 함정 가운데 하나로 '가짜 이름을 사용해 개인정보를 지킨다'는 것이 있습니다. 진짜 이름을 숨겨서 어디의 누구인지 모르게 자신의 말이나 생각을 자유롭게 쓰거나 공개할 수 있는 기능입니다. 이것이야말로 인터넷을 거대화시킨 최대의 원인입니다. 사람이 다른 사람을 칭찬할 때 일부러 자신의 이름을 숨기거나 하는 일은 없습니다. 왜냐하면 그건 나쁜 행위가 아니기 때문입니다. 그러나 사람을 비난하거나 욕설 등을 할 때에는 그것이 좋지 않은 행위라는 꺼림칙함을 느끼기 때문에 자기 스스로 실명을 숨깁니다. 붓다는 "다른 사람에 대한 비방은 엄연한 악행이며 나쁜 업을 만든다"고 하셨습니다. 인터넷은 그런 악행을 당당하게 저지를 수 있고, 나아가 전 세계의 사람들을 상대할 수 있는 환경을 우리 인류에게 선사하였고 사람들은 그것을 기꺼이 받아들였습니다. 그 결과 인터넷은 가명을 사용해 비방하는 글이 넘쳐나게 되었는데, 거기에는 사람이 가진 번뇌의 깊이와 크기가 그대로 나타나 있습니다.

그런데 만약 그러한 가명으로 쓴 비방이나 욕설이 악업이라고 한다면, 그 과보는 어떻게 되는 것일까요? 누가 썼는지 알 수 없기에 결국 흐지부지되어 그대로 사라져버리는 것일까요? 마음대로 저지른 행위의 결과가 되돌아오지 않으니 업의 인과법칙에서 벗어나게 된다고 생각할지도 모릅니다. 인터넷 카르마의 시대가 되었다고 해서 업의 힘으로부터 벗어날 수 있는 어떤 악행이라는 것이 있을 것 같습니까?

제1장에서 이야기했듯이 20세기까지는 아무도 보지 않는 어두운 장소에서 몰래 저지른 행위는 그대로 흐지부지되어 사라진다고 많은 사람들이 생각했었습니다. 생각해보면 당연합니다. 아무도 없는 장소라는 것은 즉 보여지지 않는 장소라는 통념이 있었으니 '아무도 없다면 누구도 알 수 없다'고 생각하는 것은 당연합니다. 그러나 인터넷 사회가 되며 정보수집기술이 상상을 초월해 발달한 현재는 '사람이 있든 없든 간에 행동하고 있는 모든 것

이 감시되고 기록된다'는, 예전이라면 상상조차도 할 수 없는 세계로 변화되었습니다.

때때로 몇 년, 몇 십 년 전에 저지른 나쁜 행위가 지금에 이르러 폭로되어 처벌받는 사람들이 뉴스에 나오기도 하는데, 그러한 사람들 대부분은 '아무도 보지 않는다면 나쁜 일을 저질러도 걸릴 일이 없다'라는 예전 시대와, '어떤 곳에 있든 저지른 일의 기록이 남는다'는 새로운 시대의 전환기 사이에 나쁜 일을 저지른 사람들입니다. 자신의 머릿속은 예전 시대이지만, 현실은 이미 새로운 시대로 변화된 상태입니다. 그렇기에 '지금 내가 저지르고 있는 것을 누구도 알 수 없다. 그러니 앞으로도 누구도 알 수 없는 채로 사라질 것이다'라고 굳게 믿으며 일을 저지릅니다. 하지만 실제 현실에서는 이미 그러한 행위가 녹화영상이나 녹음파일 또는 통화내역 등의 형태로 본인이 생각지도 못한 곳에서 기록되고 있어서 그것이 한참을 지나고 나서 생각지도 못한 형태로 세상에 나타나 그대로 과보를 받게 되는 것입니다.

이미 업의 힘이 실재하고 있으나, 그것을 알지 못한 채 구시대의 사고로 행동하는 어리석은 사람의 모습입니다. 그리고 이것이 중요한 점인데, 이러한 시대 상황의 전환은 언젠가 가명으로 작성한 댓글이나 내용에도 반드시 영향을 미칠 것이라는 점입니다.

암호기술이 진보할수록 그에 대응해 암호해독기술도 진보하는 것은 당연하기 때문에 정보를 숨기고 싶어 하는 사람과 그 정보를 파헤치고 싶어 하는 사람의 경쟁은 끊임없이 이어집니다. 이런 상황 속에 가명으로 쓴 정보가 단 한 번이라도 해킹되거나, 그 글을 쓴 사람의 정보가 인터넷에 유출된다면 그걸로 그 사람의 실제 정보는 모두에게 공개된 채 영원히 기록되어 남겨집니다. 글을 쓸 때만 하더라도 '실명을 숨기고 쓴 글이니 앞으로도 누가 쓴 건지 영원히 모를 것이다'라고 굳게 믿었어도, 그것이 10년, 20년 뒤에 폭로되어 "지금 어디어디에 사는 아무개라는 사람이 예전에 사람들에게 이런 폭언과 비방을 퍼부었던 인물이다"라고 공개되어버리는 그런 상황이 벌어지게 됩니다.

'인터넷에 접속하는 행동은 그대로 자신의 정체를 드러내는 것이 된다'라는 새로운 시대에 있으면서도 여전히 '내가 이름을 말하지 않는 한 정체가 탄로날 일이 없다'라는 낡은 생각을 지닌 채 살고 있는 어리석은 사람의 모습이 여기에도 나타나 있습니다. 인터넷과 관계된 단계에서 자신의 개인정보는 이미 기록되고 그것이 언젠가 조건이 갖추어질 때 반드시 밖으로 나오게 된다는 업의 원칙은 가명을 쓰는 세계에도 똑같이 적용됩니다. 그리고 이러한 사실을 모든 인터넷 사용자들, 특히 어린 아이들에게 충분히 가르쳐둘 필요가 있습니다.

우리나라의 경우 인권교육이 조금씩 사람들의 감각과 생각을 변화시켜 이제는 모든 국민들이 어느 정도 수준의 윤리관을 지니게 한 것에 성공한 전례가 있습니다. 앞으로는 인터넷 교육이라는 것을 진지하게 생각해 거기에 잠재된 무서움이나 불합리성 등을 정확하게 알려주는 것이 사회의 중요한 임무가 될 것입니다.

인터넷 카르마의
과보를 받는 사람들을
어떻게 도울 것인가

'아, 좋지 못한 짓을 했다'는 기분을 느껴보지 못한 사람은 없을 것입니다. 어린 시절을 회상해보면 옳지 못한 행동을 해서 혼나고, 다시 똑같은 행동을 해서 혼나고 그렇게 같은 행동을 반복하다보면 점차 해서는 안 되는 것을 알게 되며 어른이 되어갑니다. 그러나 어른이 되었다고 해서 완벽한 인격자가 되는 것도 아니기에 다시금 어른으로서 해서는 안 되는 행동을 해버립니다. 어릴 적에는 혼내주는 부모님이나 선생님이 계셨지만, 어른이 되서 사회에 나오면 누구도 혼내주지 않고, 창피를 당하거나 욕을 먹으며 자기 자신이 홀로 어려운 역경을 견디며 스스로를 교육할 수밖에 없습니다.

그 결과 지금 우리들 한 명 한 명이 존재하는 것이기에, 각자의 과거에는 누구에게도 보여주고 싶지 않은 부끄러운 장면이 산더미같이 있을 것입니다. 그러나 시선을 바꿔보면 그러한 부끄러운 장면 하나하나가 우리 마음을 바로 잡아줘 조금씩이기는 해도 바른 방향으로 나아갈 수 있도록 해주었다고도 할 수 있습니다.

이처럼 실패로부터 배우며 점차 인간성을 높여가는 방식은 인간이라고 하는, 지혜를 무기로 하여 살아가는 생명체에게 무엇보다 필수인 성장 방법이라고 생각합니다. 그렇기에 인간 사회에는 '타인의 실수를 너그럽게 봐줘라'는 교훈이 있는 것입니다. 다른 사람의 실수를 용서해주는 과정을 통해 사람은 성장하고 인간관계가 원만해져 결국 사회 전체의 갈등도 가라앉게 됩니다. 이것이야말로 인간 지성의 진면목이라고 할 수 있습니다.

우리나라에도 '젊은 혈기 탓에', '뭐가 씌었다', '욱하는 마음', '충동심' 등 다른 사람의 실수를 용서해주기 위한 핑계 같은 말이 상당히 많습니다. "뭐가 씌어서 제정신이 아니니 그냥 봐줘", "욱하는 마음에 그만 실수를 저질렀습니다. 용서해주십시오" 등의 말을 한 번이라도 했던가 들어본 적이 있는 것에서도 '남을 용서한다'는 것이 어른의 미덕으로 인정받는 것을 알 수 있습니다.

그러나 인터넷 카르마의 출현으로 이 '용서'라는 행위가 점차 구석으로 몰리고 있습니다. 지금까지는 '충동심'으로 용서되었던 행위라도 인터넷을 통해 곳곳으로 퍼져나가 개인정보가 폭로되고 비방과 욕설을 받게 되며 어느새 '범죄자', '인성문제자', '사이코패스'라는 꼬리표가 붙어 그 사람을 일생동안 영원히 따라다닙니다. 실패로부터 배우는 것이 아니라 실패가 철저히 비난받는 관용심 없는 사회가 되어가고 있습니다. 이것을 다시 생각해보면 우리들 행동 하나하나가 용서되는 일 없이 냉철한 업의 인과법칙으로 판정됩니다. 거기에는 본래 인간 사회가 지니고 있던 '인간미 넘치는 관용'은 들어갈 자리조차 없습니다.

강도나 살인이라는 흉악한 사건을 저질러 그것이 세간에 알려져 모두로부터 냉담한 시선을 받는다. 이러한 예는 어느 시대나 있어 왔습니다만, 어디까지나 평범하지 않은 사람이 저지르는 특별한 사건으로 취급되었습니다. '그런 똑같은 일을 내일 내가 저지를지도 모른다'고 생각하는 사람은 아마도 없을 것입니다.

분명 평범한 생활을 하는 일반인이 강도나 살인을 저지른다는 것은 우선 있을 수 없는 일입니다. 그러나 문제는 강도나 살인과 같은 흉악한 범죄가 아닌, 정말 '충동심'으로 저지른 행동이 세간에 알려져 마치 흉악한 범죄자와 같은 취급을 받을 가능성이 충분히 있다는 점입니다.

예를 들어 누군가 가게에서 물건을 훔쳤다고 합시다. 물론 물건을 훔치는 것은 절도죄이기에 원래대로라면 체포되어 처벌을 받아야 마땅한 범죄행위입니다. 그러나 실제로는 정말 악질적인 경우가 아닌 이상 엄중한 주의 정도의 관용적인 처분에 그치는 경우가 많습니다. 눈앞에 너무나 갖고 싶은 물건이 있는데 그것을 참지 못해 몰래 가져 가겠다는 충동이 생기는 것도 어쩔 수 없는 일입니다. 만일 가벼운 초범이라면 다소 너그럽게 봐주며 앞으로의 인생에 큰 오점이 없게 해주는 것이 어른스러운 대응입니다. 사람과 사람 사이에서 벌어진 일이라면 이 정도로 그치지만, 같은 행동이 일단 인터넷에 올라가 퍼지면 상황은 전혀 달라집니다.

어디에 사는 누가 몇 월 며칠에 어느 가게에서 물건을 훔치다가 붙잡혔다는 정보가 퍼져 인터넷 사용자들에게 주목을 끌게 되면 어느새 '도둑놈'이라는 꼬리표가 붙어 지워지지 않습니다. 5년, 10년이 지나도, 경우에 따라서는 본인이 죽고 난 뒤 자식이나 손자에 이를 때까지 그 단 한 번의 절도 각인이 남겨지게 됩니다. 경찰에 붙잡히거나 교도소에 끌려가는 것도 아닌 말 그대로 '충동심'에 저지른 경솔한 행위라 할지라도 그 결과는 강도나 살인에 버금가는 무거운 처분으로 돌아오게 됩니다. 이것이 바로 인터넷 카르마의 무서움입니다.

이미 우리 사회에는 이러한 인터넷 카르마의 과보로 괴로움을 받고 있는 사람들이 상당수 존재합니다. 사소한 충동심에 저지른 행동이지만 그것이 마치 그 사람의 본성을 나타내는 것처럼 인터넷에 퍼지며, 어찌할 바를 모르는 분노와 해소할 길이 없는 후회 속에 매일을 괴로워하며 살아가는 사람들이 제 주변에도 적지 않게 있습니다. 다른 사람과 상의한다고 해서 해결될 일이 아니라고 생각하는 듯해서 직접 그러한 속사정을 들어보지는 못했지만 그 모습을 보면 고통이 상상을 초월하는 것 같습니다.

 사람과 사람이 직접 얼굴을 맞대어 이야기하면 상대의 얼굴이 보이고 목소리도 들립니다. 그 사람의 성품도 어느 정도는 알 수 있고 삶의 배경도 추측이 가능합니다. 그러한 감각과 정보들이 모여져 상대를 이해할 때 바로 공감이 생깁니다. 상대의 즐거움을 마치 자신의 즐거움과 같이 함께 나눠주고, 상대의 괴로움을 자신의 괴로움과 같이 여기며 생각해줄 때 비로소 관용심이 생깁니다. 실은 이러한 '상대의 즐거움을 마치 자신의 즐거움과 같이 함께 나눠주고, 상대의 괴로움을 자신의 괴로움과 같이 여기며 생각해주는 마음'을 불교에서는 '자비慈悲'라고 부릅니다.

 그런데 인터넷을 통해 다른 사람과 이어지는 경우 이 자비가 일어나지 않습니다. '누가 무엇을 했다'라는 무미건조한 정보만이 퍼져나가 그것을 본 사람들은 그 정보에 대해서만 반응하며 '범죄다', '용서할 수 없는 행위다' 하며 자신이 마치 신이 된 듯한 시선으로 판단을 내립니다. 거기에 자비의 마음은 전혀 존재하지 않습니다. '자신은 다른 사람을 비판할 수 있는 존재다'라는 오만으로 가득 찬 태도뿐입니다. 옳지 못한 행위를 해서 그 과보로 괴로움을 받는다는 것은 인터넷 카르마로 어쩔 수 없는 것일지 모릅니다. 하지만 그것을 자비의 마음으로 따뜻하게 받아주고 용서해주는 것이 참된 인간성이 아닐까 생각합니다.

그럼 이러한 인터넷 카르마의 과보로 괴로운 사람들은 그 괴로움을 품고 어떻게 살아가면 좋을까? 그것을 바로 살펴보고 싶지만, 그 전에 인터넷 카르마의 무서움 중 하나인 '아무런 나쁜 행동을 하지 않은 사람이라도 괴로움이 덮쳐온다'는 작용에 대해 살펴보겠습니다.

생로병사 그리고 인터넷

붓다는 이 세상의 근본적인 괴로움이란 세 가지라고 생각하셨습니다. 늙음과 병과 죽음입니다. 그리고 여기에 '태어남'을 추가해 생로병사生老病死라고도 합니다. 아마도 '태어남'이란, 늙음이나 병이나 죽음이라는 피할 수 없는 괴로움이 있는 것을 알면서도 '살아가지 않으면 안 된다'고 생각하는 우리들의 생존본능 자체라고 봅니다. 즉 살고 싶다고 생각하면서도 늙음과 병과 죽음이 언젠가 찾아올 거라는 불안감 속에서 하루하루를 살아가는 모습이 괴로움 그 자체라는 것입니다.

저는 여기에 다른 한 가지, 붓다도 생각지 못했던 새로운 괴로움으로 인터넷을 추가해야 한다고 생각합니다. 즉 지금 이 세상의 괴로움은 '생, 노, 병, 사, 인터넷'입니다. 이 다섯 가지 괴로움의 공통점은 '누구에게라도 찾아오며, 일단 찾아오면 절대로 피할 수 없다'는 것입니다. 인터넷 카르마의 과보로 괴로워하는 사람들은 특별한 곳에 사는 다른 사람들이 아닙니다. 우리들 주변에 함께 살고 있으며, 그리고 어쩌면 내일의 우리일지도 모릅니다. 병이나 죽음을 예감하는 것과 마찬가지로 앞으로의 시대에 우리는 인터넷 카르마의 괴로움도 예감하며 살아가야 하는 상황에 처해지게 될 것입니다.

이런 이야기를 들으면 "그렇군. 그렇다면 인터넷 카르마의 과보를 받을 것 같은 나쁜 행위를 하지 않도록 살아간다면 안심해도 되겠군요. 즉 계, 정, 혜 중에 계를 잘 지키면 인터넷 카르마를 무서워할 필요가 없다는 말이네요"라고 대답하는 분도 있을 겁니다.

그 말이 정답입니다. 매일의 생활 속에서 떳떳치 못한 행위를 하지 않도록 조심하며 살아간다는 것은 앞으로의 인터넷 시대에서 무엇보다 중요한 생활지침이 될 것입니다. 제1장에서도 이 내용을 가장 강조했던 것입니다.

그러나 이것만으로는 우리들이 인터넷 카르마의 속박에서 벗어날 수 있다고 할 수 없습니다. 왜냐하면 현대의 인터넷 카르마는 붓다 시대의 업보다도 훨씬 악질적이고, 어떤 떳떳하지 못한 행위를 하지도 않은 사람들에게까지 과보를 가져오기 때문입니다. 왜 이런 일이 생기는 건가 하면 인터넷 카르마의 경우 인과관계 도중에 '사람의 악의'가 개입하기 때문입니다.

사이가 좋았을 때 함께 찍었던 비밀스러운 사진이나 동영상을 나중에 인터넷에 유출시켜 평생 지울 수 없는 마음의 상처를 받게 되는 사건을 어렵지 않게 접할 수 있습니다. 어떤 이유로 예전에 연인이었던 사람과의 비밀사진을 유포시킨 걸까? 대부분 경우는 그 사람과 헤어진 분노가 원인이라고 합니다. 물론 예전에도 연인 간에 상처를 주거나 헤어진 뒤에도 다투는 일은 분명 있었으나, 상대를 이렇게까지 괴롭히고 평생 지울 수 없는 괴로움과 상처를 주는 일은 전혀 없었습니다. 그러나 인터넷의 등장으로 '원한을 푸는 법'이 상상을 초월할 정도로 거대화되었습니다.

연애는 당사자들에게 있어 무엇보다 중요한 인생의 문제로 결코 가볍게 대해서는 안 되는 것이지만, 그렇다고 해서 '찼다 차였다'를 업의 인과관계와 연관시켜 생각할 만한 윤리적 문제는 아닙니다. 그건 어디까지나 인간의 자연스러운 감정에 따른 정당한 행동이기에 상대를 찼다고 해서 악업이 생기거나 하는 것은 아닙니다. 그러나 그 결과로써 이처럼 무서운 상황에 처해야 한다는 것은 정말 비윤리적이고 불합리한 이야기입니다. 그러나 인터넷 사회에서는 이러한 불합리한 일이 실제로 일어나고 있습니다.

앞서 예로 들은 물건을 훔친 경우라면, 도둑질이라는 나쁜 일을 저지른 것은 사실이지만, 결과의 크고 작음은 어쨌든 그 과보를 받았다는 것으로 일단 끝납니다. 그러나 지금 이야기한 연애사진의 경우는 과보를 받을만한 나쁜 일이 어디 하나 없음에도 평생 지울 수 없는 상처를 받게 됩니다. 다시 말해 평범하게 살아가더라도 인터넷은 우리에게 괴로움을 가져다준다는 의미입니다.

인터넷 카르마 때문에 괴로울 일이 없도록 평소 일상의 행동을 조심하며 살아간다는 것은 앞으로의 시대에 제1필수조건입니다. 그럼에도 예방할 수 없는 괴로움이 어느 날 갑자기 찾아올지도 모른다는 점을 미리 염두에 두는 것이 제2필수조건입니다.

평생을 망쳐놓을지도 모를 무서운 괴로움이 찾아올지도 모르고, 그 정도는 아니지만 행복하게 살아가야 할 일상이 우울로 가득 차버리는 괴로움도 찾아올지 모릅니다. 자신에게 잘못이 있는 경우도 있지만, 아무 잘못이 없음에도 갑자기 찾아오는 경우도 있습니다. 다양한 경우가 있겠지만 누구에게라도 피할 수 없는 형태로 찾아온다는 점에서 역시 인터넷은 '생, 노, 병, 사'와 동일하게 봐야 할 괴로움의 근원입니다.

인터넷에서 고통받는 사람들을 위한 조언

인터넷 때문에 괴로움에 시달리는 두 종류의 사람들에 대해서 살펴봤습니다. 자신에게 잘못이 있지만 인터넷 탓에 그 잘못의 크기를 훨씬 뛰어넘은 과보를 받아 괴로워하는 사람, 그리고 자신에게 전혀 잘못이 없음에도 인터넷을 통해 유입된 나쁜 의도 탓에 불합리한 괴로움을 받은 사람입니다.

붓다가 계시던 때의 업의 세계에서는 애당초 이러한 공정하지 않은 현상이 일어났을 리가 없었기에 그것을 위한 대책도 생각할 필요가 없었습니다. 업의 인과법칙에 속박되어 살아가는 것이 괴롭다고 느끼는 사람들을 구제해 업으로부터 벗어난 안락한 상태로 이끌어주는 것이 붓다의 목적이었으나, 그렇다고 해서 업의 인과법칙 그 자체를 악의적이고 공정하지 못한 시스템이라고 적대시하지는 않았습니다. 그것은 그 나름대로 공정하고 삿되지 않지만, 동시에 냉혹하고 두렵기도 한 하나의 기계적 시스템으로서 이 세상에 존재하는 사실을 인정할 수밖에 없는 그러한 것이었습니다.

그러나 몇 번이고 이야기하지만, 21세기가 되며 출현한 인터넷의 업은 유례없이 악의적이고 흉포凶暴합니다. 공정하지도 않고 삿된 감정과 악의로 가득 차있으며 게다가 냉혹하기까지 한 마치 포악한 침략자와 같은 모습으로 우리들을 속박하고 있습니다.

그렇기에 인터넷 카르마의 피해를 받는 사람들이 그것에 어떻게 대처해야 할 것인가라는 점에 관해서는 붓다의 가르침만으로는 모든 것을 감당할 수 없습니다. 그것을 초월한 어떠한 시점이 필요해지게 되었습니다. 그렇더라도 업의 힘에 좌지우지되는 매일이 괴롭고 견딜 수 없다고 느낀 붓다가 그 업의 속박에서 벗어나기 위해서는 어찌하면 되는가를 고민한 끝에 다다른 것이 불교이기에, 그 가르침이 도움이 될 것임에는 틀림없습니다.

불교에서 말하는 기본적인 조언은 앞서 말한 대로입니다. 계, 정, 혜라는 세 가지 단계를 수행하는 것으로 세속적 가치관을 여의는, 지금의 경우라면 인터넷 내부에서 좋고 나쁨, 행복과 불행을 구별하려는 가치관을 떠난 보다 높은 시점에 올라선 자신을 만들어가는 길입니다. 그러나 실제로 자신의 몸이 괴로워하는 가운데 이런 추상적인 조언을 듣는다고 좀처럼 실천으로는 이어지지 않을 것입니다. 그래서 이후는 본 장의 정리로써 인터넷 카르마로 괴로워하는 사람들에게 권유할만한 구체적인 생활 지침을 몇 가지 알려드리겠습니다. 그리고 이어서 보게 될 제4장에서는 붓다가 실제로 말씀하신 가르침을 소개하고 그 안에 들어있는 의미를 함께 살펴보겠습니다.

세계관의
전환

━━━━━　자신을 향한 악의의 증거가 인터넷에 남는다. 누가 써놓은 것인지 알 수가 없다. 지우려고 해도 지울 수 없다. 다른 사람에게 보이고 싶지 않지만 누구라도 볼 수 있다. 아마도 그 기록은 자신이 죽더라도 계속 남아있다.

이런 상황을 전부 끌어안은 채 아무렇지 않고 마음 편하게 살 수 있겠습니까? 그건 보통 어려운 일이 아닙니다. 잊어버릴 수만 있다면 그렇게 하고 싶으나 사람의 기억은 필요 없는 것마저 잘 기억해둡니다. 언제나 머릿속 한편에 이런 일이 자리 잡고 있어서 어느 순간 자신도 모르는 사이에 우울해집니다.

붓다의 곁에 모여든 제자들 중에도 마음에 상처를 받고 우울함에 시달리거나, 사고로 자식이나 가족을 잃고 삶을 끊으려던 사람들도 상당히 많았습니다. 그런 사람들을 받아들인 붓다는 '매일같이 수행을 이어가며 꺾여버린 마음을 치유할 수 있는 길'을 설해주었습니다. 이것은 분명 다른 곳으로 빠지지 않는 바른 길입니다. 외부에서 밀어닥친 괴로움을 받으면서도 그것에 억압받는 일 없이 살아가기 위해서는 받아들이는 자기 자신의 모습을 바꿀 수밖에 없습니다. '자기 자신을 바꾼다'를 하나의 삶의 가치로 정하면서 새로운 세계관이 생겨납니다.

주위 사람들이 나를 어떻게 생각할까를 가치관의 기준으로 삼으면 괴로움은 몇 배나 커집니다. 무엇보다 중요한 것은 '자신의 행복의 기준은 자신만이 안다'는 시점으로 주위를 보는 것입니다. 그렇게 하기 위해서라도 붓다의 가르침을 알아두는 것은 큰 도움이 될 것입니다.

세상의 눈은
반드시
변한다

제가 지금 이 책을 쓰고 있다는 사실에 주목해주십시오. 이 책은 비록 사회에서 빈축을 사거나 손가락질 당하는 일을 저지른 사람이라도 그 행위보다 심한 고통과 비판을 인터넷에서 받고 있는 사람들을 보고 '그건 불합리하고 부당한 처벌이다. 그 사람이 그 정도까지 심한 고통을 받을 이유는 없다'고 생각한 저와 같은 사람이 점차 생기고 있다는 증거입니다. 저는 그랬습니다. 인터넷이 막 등장한 시기에는 거기에 올라오는 여러 정보들이 텔레비전이나 신문에서는 얻을 수 없는 신선하고 가치가 있는 것이라고 여기며 감사히 생각했습니다. 그러나 머지않아 그 속에 살고 있는 유저(사용자)들의 오만함이나 무책임함 그리고 무자비함을 알게 되면서 결코 그 정보들을 있는 그대로 받아들이지 않게 되었습니다. 특히 누군가를 비판하는 문장을 볼 때는 '그 말 그대로 받아들여서는 안 된다'라고 스스로 주의를 줍니다.

아무리 거기에 "어느 누가 이러한 범죄행위를 저질렀다"고 써 있고 그것이 비록 사실이라 할지라도 그것만으로 그 당사자의 인간성이 함부로 비판받아서는 안 됩니다. 예를 들어 살인을 저지른 범죄자라도 그 사람이 어느 정도의 처벌을 받을지는 '사람을 죽였다'라는 그 사실만으로 정해지지 않습니다. 재판에서 판결이 나오기까지는 범행에 이르게 된 경위나 동기, 용의자가 살아온 인생, 주변의 환경, 평소의 인격 등 여러 가지 요인이 감안되고, 또한 용의자 측에 서서 입장을 대변해주는 변호사에 이르기까지 이러한 모든 것들을 종합적으로 판단하여 판결이 나오는 것입니다. 이것이 사람을 판결하는 경우의 정당한 절차입니다.

인터넷에서 다른 사람의 악행을 판단하는 기사는 이러한 정당한 절차의 결과로 게재되는 것이 아닙니다. 대부분이 흥미 위주, 사생활 엿보기, 혹은 사람을 괴롭히기 위한 허위 거짓말에 의한 것입니다. 누가 말한 건지도 모르는 말을 "정말 그렇습니까!" 하면서 그대로 받아들인다면 자신이 지혜롭지 못한 어리석은 사람이라고 인정하는 꼴입니다. 참으로 부끄러워해야 할 행동입니다.

비록 물건을 훔친 사람이라도, 또는 좀 더 과격하게 말해 도촬

(도둑촬영)을 하거나 치한이라 하더라도 그것을 재미로만 다룬 인터넷 기사만으로 당사자의 인격까지 결정 짓고는 함부로 다뤄서는 안 된다고 생각합니다. "도촬 따위를 저지르는 사람을 도대체 왜 감싸냐"라는 목소리도 있을 겁니다만, 저는 그럼에도 인터넷의 악의적 내용보다는 자신의 눈으로 직접 확인한 인간성을 판단의 기준으로 해야 한다고 생각합니다. 그렇기에 자신이 확인도 하지 않고 오직 인터넷의 말이나 기사만을 근거로 하여 사람을 판단하는 것은 엄격하게 주의하고 있습니다.

지금 현재의 사회 풍조는 무서울 정도의 비관용성이 팽배하지만, 저는 언젠가 반드시 그 반대의 분위기도 생겨날 것이라고 생각합니다. 자신의 죄에 상응하는 처벌을 받고 있으나, 그럼에도 끊임없이 인터넷에서 거듭 괴로움을 받는 사람들에 대한 공감이 점차 생길 거라고 바라는 이가 여기에 적어도 한 명은 있다는 점을 알아주었으면 합니다.

그리고 인터넷에서 비판의 가치가 점차 가라앉으면, 아무 잘못도 없음에도 불합리한 비판에 휩싸여 있던 사람들이 그만큼 마음에 안식을 갖게 된다는 것은 두말할 필요도 없습니다. 인터넷의 가치관에서 벗어난다는 행위는 자신을 구하고 또한 동시에 많은 다른 사람들도 구하게 된다는 사실을 반드시 알아주었으면 합니다.

같은 처지의
사람과
연계

　　　　　　　　　아침 출근길에 길을 걷고 있으면 다양한 사람들과 스쳐 지나갑니다. 모두 똑같이 아무 감정 없는 얼굴을 하고 각자의 길을 걷는데, 물론 저 역시도 그 무리 속의 한 사람이 되어 멍한 얼굴을 하고 제 갈 길을 부지런히 걷습니다. 그런데 그런 군중 속에서 가끔 '평범하게 길을 걷는 한 사람 한 사람의 가슴 속에도 각각의 어려움과 고통이 틀림없이 있을 것이다'라는 생각이 듭니다. 왜냐하면 붓다의 일생이 '그러한 사람들의 괴로움을 어떻게 하면 없앨 수 있을까'라는 문제를 생각해낸 삶이었기 때문입니다.

　　사람은 어른이 되며 점차 감정을 억누르는 것에 익숙해집니다.

아이들과 같이 감정의 흐름 그대로 웃거나 울거나 하며 마음속의 상태를 바깥으로 표출하는 행동은 하지 않게 됩니다. 일반사회에서 그 일원으로 받아들여지기 위해서는 그처럼 하지 않으면 안 되기 때문입니다. 그러나 그 가슴속에는 다른 사람들에게 말하지 못한 괴로움이 줄곧 자리 잡고 있기에 하루 종일 잠을 자든 깨어있든 언제나 불안과 불행하다는 느낌에 계속 시달리는 그런 사람들도 상당히 많습니다. 인터넷 탓에 불합리한 괴로움을 받는 사람들 대부분이 이런 상황에 처해있습니다.

어디에서도 공감의 목소리가 들리지 않는다면 그러한 사람들은 뿔뿔이 흩어진 채 한 명 한 명이 각각의 괴로움 속에서 쓸쓸한 일생을 보내게 될 것입니다. 그러나 만일 "같은 괴로움을 서로 나눌 수 있는 사람이 또 있다"는 소식을 듣는다면, 틀림없이 큰 의지가 될 것입니다. 붓다가 만든 불교라는 종교의 의미가 바로 여기에 있습니다.

살아가는 괴로움에 시달리며 의지할 사람 한 명 없이 홀로 괴로워하던 사람들에게 "우리의 곁에 와서 함께 생활합시다. 우리 주변에 있는 사람들도 당신과 마찬가지로 괴로움을 품고 있는 사람들입니다. 여기서 함께 돕고 의지하며 자신을 바꾸기 위한 수행을 합시다"라고 제안을 한 것입니다. 그 결과 붓다의 주위에 많은 사람들이 제자가 되기 위해 모였습니다. 이러한 붓다를 중심으로 한 '괴로움을 없애기 위한 집단'이야말로 불교의 근본적인 모습입니다.

홀로 괴로움을 억누르며 살아가는 사람들에게 무엇보다 필요한 것은 괴로움을 공감할 수 있는 다른 사람과의 관계입니다. 과거의 잘못을 인터넷 속에서 끊임없이 비난받거나, 혹은 아무 잘못이 없음에도 인터넷에서 멸시당해 일상의 무표정 속에 '괴로움'을 숨기며 살아가는 사람들에게도 이러한 공감의 필요성은 마찬가지입니다. 공감하고 공감되는 것으로 힘을 내고, 그 힘으로 괴로움을 극복해 새로운 세계관을 개척해가는 것입니다. 이러한 삶의 본보기가 바로 붓다입니다.

인터넷 카르마의 시대는 아직 시작 단계이기에 그 심각함도 바르게 인식되지 않은 단계입니다만, 그 속에서 머지않아 괴로움을 함께 나누고 이야기도 함께 할 수 있는 네트워크가 만들어질 것이 틀림없습니다. 지금까지는 그러한 역할을 종교단체가 담당하고 있었기에 특정 교리에 의한 견해를 강요받는 일도 많았습니다. 그러나 앞으로는 인터넷에서 괴로워하는 사람들이 만든, 종교와는 관계없는 순수한 자기변화 시스템도 등장할 것입니다. "인터넷에서 어려움을 겪는 것은 본인에게 그럴만한 책임이 있기 때문이다. 본인이 나쁜 거다"라는 편견이 점차 줄어들고, "사람을 인터넷의 평가로 판단하는 것은 불합리한 차별적 행위이다"라는 생각이 커지게 될 때 지금 현재 인터넷으로 괴로워하는 사람들에게도 여러 의미의 의지처가 생겨나게 될 것입니다. 그런 현상이 하루라도 빨리 실현되기를 간절히 바랍니다.

새로운 세계를
만들어가겠다는
의지

────── '사람들에게 도움이 되는 일을 하고 싶다'는 것은 매우 중요한 생각입니다. 원숭이나 고릴라에게도 그러한 생각이 있는지 모르겠으나, 사람의 경우 그것이 어떤 종류의 삶의 보람으로 이어질 수 있다는 점에서 그 생각의 중요성은 매우 특별합니다. 본래 생물은 '자신의 이익을 최우선으로 한다'는 원칙으로 살아가지만, 사람은 어떠한 이유에서인지 '다른 사람을 위해 살아간다'는 삶의 방법도 선택할 수 있습니다.

아마도 그건 사냥이나 농경생활 속에서 모두가 함께 협동하지 않으면 살아남을 수 없다는 인류의 숙명 속에서 아이들에 대한 가족애가 친척들까지 넓어지고, 나아가 주변 지인들이나 자신이

속한 집단까지 확장되어 '모두를 위해 살아가는 것'이 '아이들을 위해 살아가는 것'과 똑같은 레벨로 중시된 결과이지 않을까 생각합니다.

어쨌든 우리들은 '사람들에게 도움이 되는 일을 하고 싶다'는 생각을 갖고 살아갈 수 있습니다. "당신은 무엇을 위해 살아가고 있습니까?"라는 질문에 대해 "즐거움을 추구하기 위해서", "명성을 쌓아 모두로부터 존경받는 사람이 되기 위해서", "자신이 하고 싶은 것을 하기 위해서" 등등 다양한 대답이 나오겠지만, 그중에는 분명 "사람들에게 도움이 되기 위해서"라는 대답도 들어있을 겁니다. 그건 바꿔 말해 '지금 자신이 하고 있는 일이 사람들에게 도움을 주고 있다'는 생각이 그 사람의 인생을 지탱해주는 강한 삶의 가치가 되어주는 것입니다.

붓다의 삶을 살펴보면 그가 일생을 통해 이룬 것은 자신의 힘으로 '살아가는 괴로움'을 없애기 위한 길을 발견하고, 그것을 같은 괴로움에 시달리는 다른 사람을 위해 설해준 것밖에 없습니다. 자신의 몸을 도려내며 다른 사람에게 봉사한다든가, 다른 사람의 고통을 자신의 몸으로 대신 받아들인다든가, 동분서주하며 다른 사람들의 편의를 구해준다든가 하는 그런 행동은 전혀 하지 않았습니다. '자신이 어떤 삶의 가치로 참된 안락을 얻게 되었는가를 다른 사람에게 전해주는 것' 그것만이 붓다가 행한 일로 붓다가 만든 불교라는 종교의 본질이며, 그리고 그것이 2,500년에 걸쳐 헤아릴 수 없을 만큼 많은 사람들을 구제해주었습니다.

이러한 붓다의 모습을 보고 있으면 '자신이 바른 삶을 산다'라는 그 자체가 다른 사람들에게 큰 은혜가 되어줄 수 있다는 것을 알 수 있습니다. 나아가 '사람들을 위해 무엇인가 해주자'라고 생각하지 않더라도 같은 고통에 힘들어 하는 사람들에게 본보기가 될 만한 삶의 방법을 보여준다면 그것만으로도 많은 사람들을 구제해줄 수 있습니다. 다시 말해 '뒷모습으로 보여주는 이타행'인 것입니다.

앞으로의 시대는 인터넷 카르마의 불합리한 힘의 탓으로 괴로워할 사람들이 점차 늘어가기만 할 것입니다. 그런 사람들의 도움을 구하는 목소리에 귀 기울이고 대답해줄 수 있는 것은 누구일까요? 그건 두말할 필요 없이 똑같은 괴로움을 경험하였고 그것을 극복해낸 사람입니다.

지금 인터넷의 업으로 괴로워하는 사람의 그 괴로움의 경험과 그것을 바르게 극복한 지혜가 훗날의 사람들에게 무엇보다 큰 은혜가 될 것입니다. 그 모습은 마치 붓다의 그것과 겹쳐집니다. 앞으로의 시대에 사람들에게 도움이 된다는 의미에서 무엇보다 중요한 역할이라고 말할 수 있을 것입니다.

앞에서도 말했듯이 인터넷 카르마의 무서움과 거기에 휩쓸린 사람들 고통의 깊이는 아직 충분히 인지되지 못한 상황입니다. 도움을 구하는 사람들의 목소리가 아직까지도 사회 전체에 전해지지 못한 상황입니다. 그러나 머지않아 "인터넷의 괴로움에서 벗어나는 길을 알려주세요"라며 도움을 구하는 사람들이 많은 곳에서 나타날 것입니다. 그때 "제가 열심히 사유하여 이러한 방법으로 삶을 바꿨습니다. 그리고 이러한 평안한 생활을 하고 있습니다"라는 도움의 손길이 얼마나 소중한 것일지 상상해보십시오.

늙어가는 괴로움을 진심으로 이해할 수 있는 자는 하루하루 늙어가는 사람이며, 병으로 괴로워하는 사람의 고통을 마음 깊이 이해할 수 있는 자는 같은 병을 앓고 있는 사람이기에, 인터넷 카르마로 괴로워하는 사람의 고뇌를 진심으로 이해하고 바른 마음 자세를 알려줄 수 있는 것은 오직 인터넷 카르마로 괴로워했던 사람임이 틀림없습니다. 괴로움을 몸소 직접 경험한 것이야말로 참된 행복으로 나아갈 수 있는 길이 되리라는 점을 말씀드리며 본 장을 마치겠습니다. 이후 제4장에서는 붓다의 가르침을 소개하고 그 의미를 함께 살펴보겠습니다.

제四장

붓다의 가르침에서 배우기

시대를 초월한 보편성을 지닌 가르침

제4장에서는 붓다가 말씀하신 가르침을 통해 현대사회에 새롭게 나타난 업에 대한 대처 방법을 살펴보겠습니다.

붓다가 남긴 가르침은 일상생활 속에 직접적으로 활용할 수 있는 보편적 가치를 지니고 있습니다. 그렇기에 그 오랜 세월 사라지지 않고 계속 이어져올 수 있었던 것입니다. 그러나 어쩌다보니 인터넷이 세상을 좌지우지하는 시대에 태어나게 된 우리들에게 그 고대 인도의 가르침이 다시금 새로운 가치를 갖고 다가오게 되었습니다.

장대한 인류의 역사 속에서 지금의 21세기에 우연히 태어나게 된 우리는 인터넷이라는 획기적인 신기술 시대를 맞이하게 되었고, 어쩔 수 없이 그 영향 아래에서 살아갈 수밖에 없습니다.

현시점에서 우리는 새로운 괴로움을 탄생시킨 근원으로서의 인터넷에 대한 진정한 무서움도 전혀 파악하지 못하고 있으며, 게다가 그 인터넷으로부터 우리의 몸을 지키는 방법조차도 생각하지 못하는 그런 상황에 처해 있습니다. 그럼에도 어떻게 하든 자기 자신을 인터넷의 무서움에서 지켜내기 위해, 그리고 이제부터의 새로운 시대에 행복해질 수 있는 길을 찾기 위해 좋은 본보기와 방법을 구해야만 합니다.

인터넷 카르마의 괴로움을 없애줄 수 있는 것은 누구일까? IT 전문가도 과학기술 전문가도 아닙니다. 수없이 쏟아지는 정보의 파도를 견뎌내야 하는 것은 바로 우리들 본인입니다. 자기 자신을 바르게 단련하여 마음을 강하고 유연하게 변화시킬 때 비로소 업의 고통을 끊을 수 있다고 붓다는 말씀하셨습니다. 이는 그대로 인터넷 사회에서 새로운 업의 고통에 둘러싸여 있는 우리들에게도 훌륭한 길잡이가 됩니다. 우선은 이러한 붓다의 가르침 중에서도 가장 널리 알려진 《담마빠다(법구경)》라는 경전에 나온 구절들을 소개하겠습니다.

자신을 구하는 것은 자기 자신이다.
다른 누가 구해줄 수 있겠는가?
자신을 바르게 제어할 때 비로소 사람은
얻기 어려운 구원자를 얻는다.

《담마빠다》 160

■ 자신을 구하는 것은 자기 자신이다

굳이 특별한 설명도 필요 없는 내용입니다. 이것이 바로 붓다 가르침의 핵심입니다.

물론 여기서 말하는 '얻기 어려운 구원자'란 자신을 말합니다. 자신을 구하는 것은 자신 이외에 누구도 아닙니다. 사람은 자신을 바꾸는 것으로 스스로를 구제할 수 있다는 것이 불교 가르침의 근본입니다.

이어서 붓다의 가르침을 설하는 《담마빠다》, 《숫타니파타》 등의 초기경전에서 도움이 될만한 내용을 선별해 소개하겠습니다.

전쟁에서 백만 대군을 이겼다 하더라도
단 한 명뿐인 자신을
이길 수 있는 사람이야말로
참으로 최고의 승자이다.

《담마빠다》 103

━━━━━━ 전쟁에서 백만 대군을 이겼다 하더라도

붓다는 비유로 백만 명이라고 하였으나, 인터넷에서 마주치는 사람들은 수십억 명도 넘습니다. 현실이 비유를 이미 넘어선 상황입니다. 인터넷 속에서 수십억 명에게 '좋아요'의 평가를 받는 인기인, 인플루언서(Influencer), 이른바 '인터넷의 승자'가 되었다고 하더라도 현실 속의 자기 자신을 제어할 수 없다면 아무런 의미도 없습니다.

인터넷에서는 종종 '사람들로부터 관심받고 싶다', '모두에게 칭찬받고 싶다'라는 자신의 욕구와 관심을 채우려는 나머지, 자신이나 다른 사람의 실수나 잘못을 재미 삼아 업로드해서 그 결과로 수많은 악플에 시달리게 되는 경우도 있습니다.

당사자는 일시적으로 관심을 끌었다는 것에 만족할지는 모르겠으나(놀라운 일이지만 부정적인 평가라도 사람들에게 관심을 받는다면 그걸 즐거움으로 느끼는 사람도 있다), 그 상처는 점점 그 사람을 좀먹게 만들고 결국엔 돌이킬 수 없는 나쁜 결과를 초래하게 될 것입니다. 이것이야말로 진정한 패배자입니다.

아무리 인터넷에서 수십억 명에게 관심을 받는다고 하더라도 그건 참된 승리가 아닙니다. 진정한 승리자란 자신의 마음을 제어하여 인터넷의 정보에 흔들리지 않는 안정된 마음을 실현시킨 사람, 즉 인터넷의 가치관에서 벗어난 사람입니다.

남의 잘못을 보지 말라.
남이 한 것이나 하지 않은 것을 보지 말라.
오직 자신이 한 것이나
하지 않은 것만을 바라보라.
《담마빠다》 50

────────── 남의 잘못을 보지 말라

우리들은 친한 사이나 가까운 지인들 일에 대해서는 비교적 바른 판단을 할 수 있습니다. 그 사람이 저지른 잘못에 대해서도 객관적이거나 이성적으로 대응할 수 있습니다. "그 사람은 실제로 그렇게 나쁜 사람이 아니야", "그건 분명 제정신이 아니었을 거야. 다시 한번 잘 생각해봐" 하면서 너그럽고 자상하게 그 상대를 대해줍니다.

그러나 인터넷에서 흘러들어온 정보는 단편적인데다가 누군가 각색까지 한 경우도 많기 때문에 그것을 받아들이는 쪽의 시야가 좁아지고, 그 정보만으로 모든 상황이 이해된 듯한 기분이 듭니다. 그렇기에 당연히 비판적인 기분만 커집니다.

또한 그러한 비판에 대해 상대로부터 어떠한 반론이나 보복도 없을 거라는 오만한 안심감까지 생겨나, 그로 인해 마음의 통제력을 상실해 마치 약한 동물을 잡아먹는 맹수와 같이 맹렬한 기세로 다른 사람을 공격하게 됩니다.

그것을 자제할 수 있다면 분명 훌륭한 인간다운 행동을 할 수 있습니다. 이 점이 바로 사람이 짐승으로 살 것인지, 인간으로 살 것인지를 나누는 길입니다. 그리고 붓다는 "진정한 안락을 구한다면 인간답게 살라"고 말씀하셨습니다.

만일 인터넷에서 상처를 받은 사람들이 모이는 인터넷 승가가 만들어진다면 가장 먼저 시행하게 될 것이 이 가르침일 것입니다.

'남의 잘못을 보지 말라. 오직 자신의 행동만을 바라보아라.'
인터넷 시대에 가장 적합하고 수승한 가르침일 것입니다.

남의 잘못은 쉽게 보이지만,
자신의 잘못은 보기 어렵다.
남의 잘못을 마치 왕겨와 같이 불어 날리지만,
자신의 잘못은 덮어 숨겨버린다.
마치 몹쓸 사기를 치는 도박꾼이
좋지 못한 패를 보이지 않게 숨기는 것과 같다.

《담마빠다》 252

남의 잘못은 쉽게 보이지만

사람은 자신의 잘못, 자신의 죄를 숨기려고 합니다. 그건 매우 당연한 일입니다. 남의 잘못은 크게 떠들고 다니지만 자신의 일만큼은 모르는 척합니다. 그러나 붓다는 그런 우리들에게 '그건 사람의 마음을 썩게 만드는 나쁜 태도다'라고 질책하셨습니다. 업의 제1원칙, 업의 작용 앞에서 그런 숨기는 행동 따위는 통하지 않습니다. 저지른 행위에 대한 업은 하나도 남김없이 확실하게 기록되기 때문입니다.

그리고 앞으로의 인터넷 사회에서는 그 업의 작용이 점차 강화되고 악질화되어 갈 것이라는 점은 앞서 몇 번이나 설명하였습니다. 사람은 자신이 저지른 행위의 결과로부터 절대로 벗어날 수 없습니다. 사기도박은 언젠가 반드시 걸리게 되어 있습니다. 조직적으로 저지르던 여러 나쁜 범죄들이 점차 발각되어 그 과보를 받게 되는 뉴스가 계속해서 나오는 현재의 상황이 붓다의 가르침과 이 정도로 일치한다는 것은 놀라울 따름입니다. 우리 스스로를 일깨워주는 가르침으로써 항상 기억해두어야 하겠습니다.

우선 오직 자기 자신을 바르게 가다듬어야 한다.
그런 뒤에 다른 사람을 이끌어주어야 한다.
그렇게 한다면 현명한 이는 더러움에 물들지 않는다.
《담마빠다》 158

우선 자기 자신을 가다듬어야 한다

인터넷 세계에 들어가면 무언가를 비판하는 것이 사람으로써의 정당한 활동처럼 여겨집니다. 조금이라도 마음에 안 드는 구석이 있으면 곧바로 글을 씁니다. 게다가 마치 사회악을 처단하는 정의의 사도가 된 듯한 기분에 빠져 글을 쓰기도 합니다.

실제로는 자신의 보잘것없는 불만 정도에 지나지 않으면서도, 온갖 욕설을 퍼붓거나 사회정의라는 이름을 빌려 감당하지도 못할 정도로 비판을 하는 사람도 상당히 많습니다. 인터넷에서 비판하는 일을 밥 먹는 것처럼 당연한 일상의 행동으로 착각하고 있는 것은 아닐까라는 생각이 들 정도입니다.

그러나 일방적인 비판은 본질적으로 사람에게 상처를 주는 행위입니다. 그 전제조건을 이해하지 않으면 안 됩니다. 비판하는 것에는 그에 상응하는 확실한 이유가 있지 않으면 안 됩니다. 이러한 이해가 모두에게 전해진다면 인터넷에서 비판하는 사람에 대한 생각도 변할 것입니다. 인터넷에서 무책임하게 비판하는 행위 그 자체가 더러움에 물든 행동이라는 인식이 필요합니다.

그리고 또 하나 중요한 것이 있습니다. 앞서 제3장에서도 이야기했지만, 앞으로의 시대에 나타날 '익명성의 소멸'입니다. 인터넷 세계에서 이 정도까지 비방과 악플이 만연하게 된 첫 번째 원인은 두말할 필요 없이 익명성 때문입니다. 어떤 난폭하고 험한 말을 써서 다른 사람을 비판하더라도 신원을 알 수 없는 이상 그 과보를 걱정할 필요 없다는 안도감이 마음속의 맹수를 해방시켜 어떠한 방어도 할 수 없는 상대에게 무자비한 공격을 가하는 것입니다.

그러나 이는 인터넷의 업이 점차 나타나는 과도기이기에 가능한 행위이지, 머지않아 업의 세계가 본격적으로 나타나는 시기에는 그 행위에 대한 무서운 결과가 반드시 되돌아오게 될 것입니다. 파나마 문서 사건을 비롯해 인터넷에서 철저히 지켜져야만 했던 정보들이 유출되어 과거의 악행이 발각되는 사건이 일어나는 것을 보더라도, 앞으로 인터넷의 기밀보호기능이 점차 약화되리라는 점은 당연히 예상되는 일입니다. 또한 기밀정보를 폭로하면 돈이 되는 지금 시대의 특성이 더욱 그런 일에 박차를 가하게 할 것입니다. 즉 '인터넷이니까 괜찮아'라고 생각한 익명성이 언젠가 탄로 나서 단순히 누가 말한 것인가에 그치지 않고, 그 사람의 주소, 직업, 가족관계 등의 구체적인 개인정보들까지 공개되어버리는 시대가 올 것입니다. 이것이 인터넷 카르마의 과보입니다.

그리고 가장 주의해야 할 점이 지금 현재 익명성을 이용해 마음대로 이야기하고 있는 그 사람들의 신원이 언젠가 알려지게 되는 것입니다. 언제 알려지게 될지는 알 수 없습니다. 업이 나타나는 시기는 알 수 없기 때문입니다. 그러나 언젠가 반드시 누군가가 어떠한 방법으로든 지금 남겨진 정보를 이용하여 그 발신지와 신원을 찾아낼 때가 찾아올 것입니다. 그때 지금 저지르는 '말의 악업'이 과보가 되어 돌아오게 됩니다. 이렇게 생각하면 우리들은 이미 인터넷 세계에서 업을 쌓고 있다는 것을 알 수 있습니다. '우선 오직 자기 자신을 바르게 가다듬어야 한다'는 붓다의 가르침의 의미가 뼛속 깊이 새겨질 정도로 간절하게 느껴집니다. 여러분은 어떻게 생각하시는지요?

스스로 악을 행하면 자신에 의해 더러워진다.
스스로 악을 행하지 않으면 자신에 의해 깨끗해진다.
깨끗함이나 더러움은 자기 자신에게 달렸다.
누구도 다른 사람을 깨끗하게 할 수 없다.

《담마빠다》 165

악을 행하면 스스로 더러워진다

다시 말씀드리지만, 붓다가 생각한 업은 개인의 행위가 쌓이면서 생깁니다. 그것은 매우 냉혹하고 무자비한 우주의 법칙으로 신과 같이 '온정(인간미)을 지닌 존재'가 있는 것이 아니기에 티끌만큼도 상대에 대한 헤아림이나 배려조차 없는 세계입니다.

그렇기에 '악을 행하면' 그것에 정확하게 상응하는 만큼의 과보가 되돌아옵니다. 반대로 '악을 행하지 않으면' 그 과보는 오지 않습니다. 이러한 법칙으로만 존재하는 것입니다. 이러한 업의 법칙은 누군가 다른 사람에게 대신 주거나 받게 하고 싶어도 불가능해서 업의 결과는 그 행위를 한 본인이 반드시 받아야만 하는 것입니다.

이러한 붓다 시대의 업이라는 개념이 새로운 인터넷의 업이 되면서 한층 가혹하게 변해버린 것에 대해 앞서 이야기했습니다. 악행의 결과로 받는 과보는 몇 번이고 강조하듯이 당사자 본인은 물론이고 그 가족, 자손에 이르기까지 영향을 줍니다. 붓다가 이 말을 듣는다면 "그렇게 잔인한 세계가 있을 거라고는 생각도 못했다"고 말했을지도 모릅니다.

그렇기에 더욱 지금 세상에 '악을 행하지 말라'는 이 간단한 가르침이 한층 무게를 지니게 되는 것입니다. '악을 행하지 말라'는 '어느 때이든 누구도 보지 않는다고 하더라도 나쁜 일을 하지 마라'는 의미입니다. 인터넷이 모든 것을 지켜보는 세상에서 악업의 과보에 두려워하는 일 없이 안락하게 살기 위해서는 이 방법밖에 없습니다. 너무나도 당연한 붓다의 이 가르침 속에 앞으로의 시대를 살아갈 우리들의 기본적인 자세가 들어있습니다.

스스로 자신을 경책하라.
스스로 자신을 성찰하라.
스스로를 지키고 바른 생각을 지닌다면,
수행자여, 그대는 행복하게 살아갈 것이다.

《담마빠다》 379

스스로 자신을 경책하라

앞의 가르침과 대비되는 내용입니다. 인터넷 카르마는 붓다가 말씀하신 업보다 훨씬 흉악합니다. 그 첫 번째 원인은 저지른 행위에 대한 결과인 과보가 정당하게 평가된 형태로 되돌아오지 않는다는 점에 있습니다. 붓다 시대의 업이라면 기계적 작용으로 원인과 결과의 비중이 엄밀하게 지켜져 하지 않은 일에 대해 결과가 발생하거나 저지른 일의 결과가 도중에 흐지부지 사라져버리는 일은 있을 수 없습니다.

그러나 인터넷 카르마는 그와 달리 인과법칙의 도중에 수많은 사람의 '악의가 들어간 마음'이 개입합니다. 그렇기에 그러한 다양한 마음의 작용이 개입함에 따라 업의 비중이 뒤죽박죽 변해버립니다.

예를 들어 아무 일도 저지르지 않은 사람이 나쁜 마음을 품은 사람 탓에 무고한 죄를 뒤집어쓰고 그 결과로 인터넷에서 심각한 고통과 괴롭힘을 당하게 되거나, 혹은 자신이 저지른 일이 왜곡된 형태로 퍼져나가 그로 인해 불합리한 평가를 받는 경우들입니다.

그렇기에 우리는 인터넷 카르마로 인해 괴로움을 받지 않도록 일상의 행동들을 제어하는 동시에 이러한 불합리한 괴로움이 인터넷을 통해 닥쳐왔을 때의 마음가짐에도 철저하게 준비해두어야 합니다. 위에서 말한 부처님의 가르침이 이러한 마음가짐을 잘 나타내고 있습니다.

자기제어야말로 인터넷 공격에서 자신을 지키는 최선의 수단입니다. 자신을 지키고, 자신의 감정을 제어함으로써 괴로움을 없애고 안락을 얻을 수 있습니다. 이것은 실제로는 굉장히 어려운 이야기입니다. 그렇게 간단히 자기를 제어한다는 것은 불가능합니다. 그러나 붓다가 말씀하셨듯이 "같은 괴로움으로 힘들어하는 사람들이 모여 서로 격려하며 수행을 쌓아간다면 반드시 자기 자신을 바꿀 수 있을 것"이기에 이 가르침을 믿고 앞으로 나아가야 합니다.

사람은 태어날 때
입 안에 도끼를 가지고 나온다.
어리석은 자는 나쁜 말을 함으로써,
그 도끼로 자기 자신을 찍는다.

《숫타니파타》 제3-657

■ 사람은 입 안에 도끼를 가지고 태어난다

이 가르침도 별다른 설명이 필요없을 정도로 간단하고 보편적인 진리입니다. 인터넷에는 말의 도끼가 넘쳐나고 있습니다. 그리고 그것이 무수한 사람들에게 상처를 주고 있습니다. 그저 재미 삼아 스스로 도끼를 휘두르고 다니는 사람들도 있습니다. 그러나 그 도끼가 정말로 상처를 주는 사람은 실은 그 말을 한 본인입니다. 인터넷은 익명사회라고 생각하는 사람들이 여전히 상당수 있습니다. 그러나 앞서 말했듯이 그것은 큰 착각입니다. 어디에 사는 누구인지도 모르는 사람에게 비방과 욕설을 받은 사람이 발신자정보 개시 요구에 의해 어느 한 개인을 특정하여 재판까지

한 예에서도 알 수 있듯이 아무리 신원을 숨기려고 해도 인터넷 정보에는 반드시 개인정보가 달려 있습니다. 즉 조건만 갖추어진다면 언젠가 반드시 실명이 폭로된다는 것입니다.

앞으로 인터넷 정보처리기능이 한층 발전한다면 머지않아 익명성은 더 이상 유지될 수 없습니다. 지금 자기 입 속의 도끼로 누군가를 찍고 있는 사람은 언젠가 반드시 그 도끼로 자기 자신을 찍게 될 것입니다.

《담마빠다》에는 다음과 같은 가르침도 나옵니다.

> 나쁜 일의 과보가 생기기 전까지는
> 어리석은 자는 그것을 꿀같이 여긴다.
> 그러나 나쁜 일의 과보가 생기면
> 그때 비로소 어리석은 자는 괴로움을 받는다.
> 《담마빠다》 69

지금 누구에게도 걸리지 않는다고 생각하며 재미 삼아 쓰는 글이나 비방이 내일의 시스템에 의해 폭로되어 괴로움을 가져온다. 이는 인과응보, 업의 세계 그 자체입니다.

자기 자신을 괴롭히지 않고,
남을 해하지 않는 그런 말만을 하여라.
그것이야말로 '바르게 설해진 말'이다.

《숫타니파타》 제3-451

자기 자신을 괴롭히지 않고

사회를 향해 무언가를 이야기할 필요가 있다면 언제나 이 가르침을 떠올리고 지침으로 삼아야 합니다. 불교에서는 악업을 짓는 행위가 기본적으로 열 가지 있다고 합니다.

- 신체(몸)로 저지르는 악업 : ① 살생 ② 도둑질 ③ 불륜
- 말(입)로 저지르는 악업 : ④ 거짓말 ⑤ 이간질 ⑥ 폭언(욕설) ⑦ 속이는 말(사기)
- 마음속(생각)으로 저지르는 악업 : ⑧ 탐욕의 마음 ⑨ 증오하는 마음 ⑩ 세상에서 지켜져야 할 법칙성을 부정하는 마음

물론 이 외에도 여러 가지 나쁜 행위가 있습니다만, 분명하게 업을 짓는다는 의미에서 이 열 가지가 악업의 대표격입니다. 여기에는 말로 저지르는 악업이 네 가지나 있는데 이는 얼마나 말의 악업이 심각하게 여겨지는가를 알 수 있습니다. 경우에 따라서는 육체적인 폭력보다도 말의 폭력이 보다 심한 과보를 가져온다고도 할 수 있습니다. 다른 사람에게 상처주지 않는 말을 한다는 것은 업에서 벗어나기 위한 가장 기본적인 자세입니다.

이 붓다의 가르침은 그대로 현대의 인터넷 세상에서 언어폭력을 휘두르고 있는 익명의 유저들에게 충고가 될 것입니다. 인터넷 업은 반드시 그 과보를 가져옵니다. 10년 후, 20년 후 혹은 자신이 죽고 난 후라도 과보는 반드시 되돌아옵니다. 이를 생각하면 지금이라도 곧바로 '바르게 설해진 말'만을 할 수 있도록 마음가짐을 바꿔야 합니다.

누구라도 다른 사람을 속여서는 안 된다.
어디에서나 누구라도 업신여겨서는 안 된다.
증오나 악의를 갖고
남의 고통을 바라서는 안 된다.

《숫타니파타》 제1-148

누구라도 다른 사람을 속여서는 안 된다

인터넷 세계에는 가짜 뉴스와 같은 거짓 정보가 너무나도 많습니다. 어떤 근거도 증거도 없는 이야기를 뉴스화해서 인터넷상에 퍼뜨리는 겁니다.

이유는 돈벌이입니다. 가짜 뉴스를 퍼뜨렸다가 발각되면 그 범인들은 한결같이 이렇게 말합니다. "가짜 뉴스를 퍼뜨린 게 뭐가 나쁜 일인가? 그런 거 조금만 신경 써서 찾아보면 금방 가짜인지 진짜인지 알 수 있는 내용인데 그걸 진짜라고 믿은 멍청이들이 나쁜 거다." 그들은 다른 사람을 속이고 가볍게 여기며 조금의 반성도 하지 않습니다.

그들에게 있어 사람을 속여서는 안 된다, 사람을 업신여겨서는 안 된다는 윤리관은 돈벌이라는 이익과 비교하면 아무 쓸모도 없는 무의미한 헛소리에 지나지 않는다는 것입니다.

그러나 업의 사상으로 보면 사람을 속이면 그 결과는 반드시 자신에게 되돌아옵니다. 증오나 악의로 상대를 괴롭게 하는 것도 마찬가지입니다. 업의 결과는 시차를 두고 나타납니다. 나쁜 행위를 저지른 직후에 괴로움이 찾아오는 것이 아닙니다.

반드시 훗날의 인생 속에서 어떤 중대한 국면을 맞이했을 때 과거에 사람을 속였거나 가볍게 여기고 해를 입혔던 사실이 되돌아와 그 사람의 사회적 신용을 갉아먹을 겁니다. 또는 주변으로부터 신용을 잃고 누구에게도 의지할 수 없게 될지도 모릅니다.

언젠가 시간이 지나 생각지도 못한 모습으로 어떤 과보를 받게 되었을 때 비로소 자기 스스로 저지른 업의 무서움을 뼈저리게 느끼게 되는 것입니다.

즉 사람을 속이지 말라, 경멸하지 말라, 괴롭히지 말라는 것은 단순히 윤리나 도덕의 이야기가 아닌 스스로가 악업을 쌓지 않도록 하는 마음가짐이며 자신을 지키는 수단입니다.

다른 사람으로부터 충고를 받았다면
충분히 반성하고 그것을 감사해라.
같은 수행을 하는 사람들에 대한 무관심을 없애라.
말할 때는 적절하고 때에 맞는 말을 하라.
사람들에게 비난받을 만한 일에 마음을 두지 말라.

《숫타니파타》 제4-973

다른 사람으로부터 충고를 받았다면

지금까지 소개한 내용들을 정리하는 듯한 가르침이 이것입니다. 인터넷 사회에 맞게 다소 내용을 바꿔 이야기하겠습니다.

자신을 비판하는 기사를 보았다면, 우선 객관적으로 받아들이고 그것이 자신의 부족함을 알려주는 것이라면 감사히 읽는다. 미움이나 증오하는 마음을 일으키지 않도록 바르게 받아들인다. 가능한 마음을 가라앉히고 천천히 시간을 두고 받아들일 수 있도록 해야 한다.

인터넷에서 마주치는 사람들, 즉 전 세계의 모든 사람들에 대해서 자신이 뱉은 말이 어떠한 영향을 끼치고 있는가에 무책임해서는 안 된다.

인터넷에서 어떤 정보를 알리고자 한다면 예의바른 표현으로 공공의 장소에 적합한 표현을 사용해야 한다.

악플이나 비방 등이 있다고 하더라도 그것에 쉽게 휘말리거나 오히려 더 불을 지피는 행동을 해서는 안 된다.

이중 특히 어려운 것이 첫 번째 항목인 '자신을 비판하는 기사에 대한 대응'일 겁니다. 그 글이 자신을 걱정해주는 선의의 비판이라면 당연히 '감사의 마음'으로 받아들여야 하겠지만, 실제로 그런 경우는 매우 드물어서 대부분 악의로 가득 찬 비방이나 욕설이거나 혹은 아무 근거도 없는 거짓 비난들입니다.

이런 비난들은 마음에 큰 상처를 남깁니다. 게다가 그 상대가 누구인지조차 알 수 없고, 마음의 응어리는 누구에게도 고백할 수 없는 우울로 가득 차게 됩니다. 이것은 마치 아무 잘못도 없이 살아가던 사람에게 갑자기 심각한 병이 찾아온 것과도 같습니다. '도대체 왜 내가 이런 일을 당해야 하나?', '누구를 원망해야 하는가?'라는 견딜 수 없는 고통에 처하게 됩니다.

다만 이 또한 인터넷이 보다 악질적이어서, 인터넷의 경우는 어디에 사는 누구인지도 모르지만 틀림없이 자신에게 나쁜 마음을 갖고 있는 인물이 존재하고 있는 것입니다. 병에 걸리는 것처럼 벗어나기 힘든 자연의 섭리가 아닌, 특정 인물의 악한 마음 때문에 지금 자신이 고통받고 있다는 현실의 상황이 병에 걸리는 경우보다도 마음을 견딜 수 없게 만듭니다. 여기에 인터넷에서 벌어진 괴로움의 본질이 들어있습니다.

그럼 어떻게 하면 되겠습니까? 두말할 필요 없이 방법은 한 가지입니다. 자신의 마음가짐을 스스로의 힘으로 바꿔 그 괴로움을 견딜 수 있도록 만드는 것입니다. 붓다도 '길은 그것밖에 없다'고 말씀하셨습니다. 그러나 그건 '말은 쉽지만 실천하기는 어려운 것'입니다. 쉽게 가능한 일이라면 어떤 고통도 없을 것입니다. 붓다도 그런 점을 잘 알고 몇 가지 조언을 해주셨습니다.

우선 첫 번째로는, 가능한 친구들과 괴로움을 공유할 것. 같은 괴로움을 겪고 있는 사람들과 마음을 공유하며 살아가는 것은 큰 의지가 되고 안정을 얻을 수 있습니다. 불교의 경우라면 승가라는 수행공동체에서의 생활을 의미합니다.

두 번째는, 집착을 버리는 것입니다. 인터넷에 떠도는 정보가 괴로움을 낳는 토대라면, 대부분의 경우 당사자의 어떤 집착심이 작용하고 있습니다. '그건 놓치고 싶지 않아', '이걸 나의 것으로 만들고 싶다' 등 뭐든지 자기 생각대로 갖고 싶다는 바람이 방해받으면 그것이 괴로움의 원인이 됩니다. 그 경우 집착의 대상으로부터 우선 떨어져서 그것이 반드시 자신에게 필요한 것인지, 인터넷의 괴로움과 맞바꾸더라도 꼭 가져야만 하는 것인지를 스스로에게 물을 필요가 있습니다. 만일 '생각해보니 없어도 되잖아'라고 생각하는 순간, 인터넷의 비방이나 욕설은 아무 의미도 없어지고 마음은 저절로 해방될 것입니다.

그리고 세 번째는 '매일 마음을 바르게 다잡을 수 있도록 노력한다면 지금의 괴로움도 반드시 줄어들고 언젠가 사라질 것이다'라는 생각을 갖는 것입니다. 불교의 경우라면 붓다의 가르침이 반드시 삶의 괴로움을 없애줄 거라고 믿으며 수행을 닦아나가는 수행자들의 마음입니다. 비록 아주 조금씩이라도 그 노력 덕분에 자신을 바꿀 수 있다고 확신하며 살아가는 것, 그 자체가 괴로움을 없애기 위한 해결책입니다.

다소 설명이 길어졌지만, 붓다의 가르침을 인터넷 카르마에 비춰볼 경우 특히 중요한 것이기에 강조해서 설명했습니다.

제 생각에는 이러한 마음을 지키는 방법은 어릴 때부터 자세히 알려주어야 합니다. 불합리한 인터넷의 업은 아이들이라고 봐주는 일 없이 찾아오기 때문에 이른 시기부터 예방책을 알아두어야 합니다. 한참 성장 중인 아이들의 여린 마음은 이러한 인터넷의 날카로운 비바람을 감당하기에는 너무나 연약합니다. 미리 마음을 지킬 수 있는 백신을 제공해주는 것이 어른들의 책임입니다. 아직까지도 그러한 움직임이나 걱정이 그다지 보이지 않는 상황은 매우 우려가 됩니다.

마음에 의지해 모든 곳을 찾아보아도
자신보다 사랑하는 사람은 어디에서도 찾을 수 없다.
다른 사람들도 마찬가지이다.
모두 자기 자신을 사랑한다.
그렇기에 자신을 사랑하는 사람은
다른 사람을 괴롭혀서는 안 된다.

쌍윳따니까야 제3편 제1장-8

마음에 의지해 모든 곳을 찾아보아도

왜 사람을 괴롭혀서는 안 되는가에 대한 기본적인 이유가 이 가르침에 단적으로 나타나있습니다. 이 가르침에는 흥미로운 이야기가 있어서 잠시 소개하겠습니다.

붓다가 인도 사람들에게 가르침을 알려주던 시기에 강대국의 하나인 코살라국의 파사익왕은 이른 시기부터 붓다의 가르침에 귀의해 자주 고민을 상담하곤 했습니다. 어느 날 파사익왕은 여러 왕비들 중에서도 가장 총애하는 말리부인에게 "이 세상에서 가장 사랑하는 사람이 누구인가?"라고 물었습니다. 왕은 마음속으로 "물론 그건 왕이십니다"라는 대답을 기대하고 있었습니다.

그러나 왕비는 예상과는 전혀 다르게 대답했습니다.

"그건 제 자신입니다."

놀란 파사익왕에게 왕비는 곧바로 이렇게 물었습니다.

"왕께서는 자기 자신과 똑같이 사랑한다고 느끼는 사람이 누군가 있습니까?"

왕은 잠시 생각에 빠졌습니다. 눈앞의 왕비를 깊이 사랑하고 있으나, 자기 자신보다도 사랑하는지 생각해보니 그렇지 않았습니다. 아무리 거듭 생각해봐도 자신보다 사랑하는 존재는 없었습니다. 그래서 왕은 솔직히 대답했습니다.

"왕비여, 나도 내 자신을 가장 사랑합니다."

그러나 자신이 말한 그 결과에 납득할 수 없었던 왕은 붓다를 찾아와 왕비와 나눴던 이야기를 전했습니다. 그에 대해 붓다가 말씀하신 것이 앞의 가르침입니다. 자신보다 다른 사람을 사랑하라는 이상적인 가르침이 아닙니다. 누구나 자신을 사랑하는 것은 당연합니다. 그렇기 때문에 더욱 다른 사람도 존중해주어야 한다는 지극히 자연스러운 가르침입니다.

일신교에서 '다른 사람을 사랑하라'고 설하는 것은, 다른 사람을 사랑하는 모습을 신이 바라봐준다는 전제가 있기 때문입니다. 신이라는 심판자의 눈이 있기에 언뜻 이치에 맞지 않아 보이는 가르침에도 깊은 의미가 담겨있을 수 있습니다.

그러나 불교에는 일신교의 신과 같은 심판자가 없습니다. 자신이 하는 행위의 근거를 자기 자신 안에서 이해할 수 있는 합리성이 없다면 그 행위는 정당화될 수 없습니다.

자기를 사랑하는 사람은 다른 사람을 괴롭혀서는 안 된다. 왜냐하면 누구나가 자신을 가장 사랑하고 소중하게 여기기 때문이다. 이 간단한 가르침은 다른 사람에게 상처주어서는 안 되는 이유를 불교적 입장에서 말해주는 것입니다.

'자신에게 상처주고 싶지 않다. 자기 자신이 가장 소중하다.'

모두가 이렇게 생각한다는 것을 우리는 서로 이해할 수 있기에 그 마음을 존중해주고 사람에게 상처주어서는 안 됩니다. 그리고 그것이 바로 자신의 마음을 존중하는 것과 이어지기 때문입니다. 이 가르침은 지금의 시대에도 통용되는 것입니다. 2,500년 전의 인도에서나, 21세기의 인터넷 사회에서나 이 가르침이 지닌 진실성은 변함없습니다. 인터넷에서 말을 하거나 글을 쓸 때 지녀야 할 중요한 마음가짐입니다.

쇠에서 생겨난 녹이
자신이 나온 쇠 자체를 갉아먹듯이
자신이 지은 죄의 행위가
자기 자신을 나쁜 곳으로 끌고 간다.

《담마빠다》 240

녹이 자신을 갉아 먹듯이

이미 알고 계시리라 생각하지만, 우리 몸에서 나온 녹이 바로 '업'입니다. '몸에서 나온 녹이 자기 자신을 갉아먹는다'는 것은 바로 '자업자득'을 말합니다.

 자신이 저지른 일이 자신에게 되돌아오는 무서움. 아직까지는 인터넷 카르마가 세상에 나타나는 과도기라서 그 녹이 보이지 않는 사람들도 많을 겁니다. 그러나 머지않아 누구의 눈에라도 녹이 보이게 되었을 때 녹=업의 무서움을 통감하게 될 것입니다. 그때를 대비해 지금부터라도 자신을 바꿔두지 않으면 안 됩니다. 이 가르침은 그것을 가르쳐주고 있습니다.

혹시나 하는 생각에 말씀드리지만, 여기서 말하는 '나쁜 곳'이란 '괴로움으로 가득한 상태'를 말합니다. 지옥과 같은 괴로움이란 자각하지 못한 채 무수히 악업을 쌓아서 죽은 뒤 지옥에 떨어지는 것뿐만 아니라, 지금 살아있는 동안 인터넷 사회 속에서 끝없는 괴로움의 나락으로 끌려 들어가게 된다는 것입니다.

만약 나쁜 일을 저질렀다면
그것을 반복해서는 안 된다.
그것을 즐거워해서는 안 된다.
나쁜 일이 쌓이는 것은 괴로움이다.

만약 좋은 일을 했다면
그것을 반복해서 행하라.
그것을 마음속에서 즐거워하라.
좋은 일이 쌓이는 것은 행복이다.

《담마빠다》 117-118

만약 나쁜 일을 저질렀다면

인터넷에서 보이는 '악성댓글(악플)'은 누군가가 불을 붙이는 것만으로는 타오르지 않습니다. 거기에 그저 재미 삼아 부추기며 기름을 붓는 사람이 있기에 활활 타오르는 것입니다. "사회적으로 용서하지 않겠다" 등의 멋져 보이는 말로 자신이 하는 행위를 정당화하는 사람도 있을 겁니다.

그러나 자신에게 어떤 피해도 주지 않은 사람을 말의 폭력으로 때린다면 그건 틀림없이 새로운 업을 만들고 있는 겁니다. 얼마나 정의감에 사로잡혀 있든, 자신이 옳다고 믿고 있든 다른 사람에게 괴로움을 주는 행위를 저지른다는 점에서는 악업인 것입니다.

다른 사람의 욕을 하고 폄하하는 데서 즐거움을 느끼는 것은 정말 추한 모습이지만, 그것은 사람이 태어날 때부터 지니고 있는 본능의 일부이기도 합니다. 불교적으로 말하면 '번뇌'입니다. 그것이 자기 안에도 있다는 것을 적극적으로 인정하고, 그것을 스스로의 힘으로 없애려고 하는 마음가짐을 취하는 것이 악업을 쌓지 않기 위해 무엇보다 중요합니다. 불교에서는 그것을 '수행'이라고 합니다.

"싫어, 나는 본능적으로 사는 게 좋으니 악플을 쓰며 즐겁게 살 거야"라고 말하는 사람이 있다면, 저는 "그렇다면 그렇게 짐승같이 살아가세요"라고밖에 말할 수 없습니다. 그러나 인터넷 속에서 쌓은 악업이 언젠가 반드시 자신에게 되돌아온다는 것은 법칙이며 진실입니다. 앞으로의 사회 시스템이 그렇게 될 것입니다.

재미 삼아 마음대로 저질렀던 일들이 사실은 괴로움의 근원이었다는 것을 알아차렸을 때, 인과응보가 몸에 사무칠 때 부처님의 이 가르침에 귀를 기울였으면 하는 마음입니다.

실로 이 세상에는 원한으로 인해
원한이 가라앉는다는 것은 결코 없다.
원한은 원한을 버리는 것으로 가라앉는다.
이것이 영원한 진리이다.

《담마빠다》5

원한은 원한으로 없애지 못한다

원한의 반복이 지금 지구 전체를 뒤덮으려 하고 있습니다. 인종이나 민족, 종교가 서로 으르렁거리게 만드는 원인이 되어 증오가 점차 쌓여만 갑니다. 증오가 배타주의를 낳고 새로운 원한을 거듭 만들어 내고 있습니다. 그리고 그러한 상황 속에서 인터넷은 원한을 가시화하여 그것을 온갖 장소에 퍼뜨리는 도구가 되고 있습니다.

익명으로 쓰게 되어있는 전자게시판이나 신상을 숨긴 채로 활동하는 SNS와 같은 장소라면 아무리 원한이 담긴 독설을 내뱉더라도 보복당할 염려가 없다고 방심하며 아무렇지 않게 욕설과 비방을 함부로 쓰고 있는 사람도 분명 있을 겁니다만, 지금까지 이야기했듯이 그러한 정보에는 실은 태그(꼬리표)가 붙어있습니다. 모든 것이 자신의 업이 되어 쌓여만 가고 있습니다.

원한을 버린다는 것은 정말로 어려운 일입니다. "버리세요"라고 해서 "네, 알겠습니다"라며 간단히 버릴 수 있는 그런 것이 아닙니다. 그럴 때 "사람을 원망하는 행위도 앞으로의 인터넷 카르마 시대에는 악업이 되어 자신에게 되돌아온다"는 사실을 자각하면 훨씬 떨쳐버리기 쉬울 겁니다. 앞으로의 시대는 화내는 자신의 모습, 다른 사람을 원망하는 자신의 모습이 그대로 외부에 여과 없이 보여집니다. 자신에게도 피해가 생길 수 있다는 사실을 알게 되면 비로소 그만둘 수 있습니다. 그걸로 충분히 좋다고 생각합니다. 겉모습이 무엇보다 중요하다고 생각해버리는 세상 속에서 조금이라도 자신을 닦아나가는 것이 무엇보다 중요합니다.

모든 길 가운데 팔정도가 가장 훌륭하며
모든 진리 가운데 사성제가 가장 훌륭하다.
모든 법 가운데 탐욕을 떠난 것이 가장 훌륭하며
모든 사람 가운데
바른 눈을 뜬 분(붓다)이 가장 훌륭하다.

《담마빠다》 273

모든 길 가운데 가장 훌륭한 길

불교에서 가장 기본이 되는 가르침은 '사성제四聖諦'입니다. 사성제란 네 가지 진리라는 의미로 '고제苦諦, 집제集諦, 멸제滅諦, 도제道諦'로 이루어져 있습니다. 이는 세상 속의 존재 방식과 그것과 마주하는 불교라는 종교의 존재 의의를 말합니다.

'고제'란, 이 세상의 현상은 모두 괴로움으로 가득 차 있다는 진리입니다. 이것을 다른 표현으로 '일체개고一切皆苦'라고 합니다. '집제'란, 그 괴로움을 낳는 원인이 우리들의 마음속에 있는 번뇌라는 진리입니다. '멸제'란, 번뇌를 스스로의 힘으로 소멸시켰을 때 괴로움도 자연스레 함께 사라진다는 진리입니다. '도제'란, 실제로 번뇌를 소멸시키기 위한 여덟 가지 길을 실천하는 것입니다. 이 여덟 가지 길을 '팔정도八正道'라고 합니다. 여덟 가지란 '정견正見, 정사유正思惟, 정어正語, 정업正業, 정명正命, 정념正念, 정정진正精進, 정정正定'입니다. 번뇌를 없애기 위한 여덟 가지 생활 지침입니다.

사성제의 요점은 우리가 느끼는 '삶의 괴로움'의 원인이 외부 세계에 있는 것이 아니라 우리들 자신의 마음속에 있다고 보는 것입니다.

사성제는 종종 치료행위에 비교됩니다. 건강하게 생활하던 사람이 어느 날 갑자기 병에 걸려 극심한 복통을 느끼는 것이 바로 '고제'입니다. 그 전까지만 해도 어떤 괴로움도 불안도 느끼지 못하고 평안하게 살고 있었으나 어떠한 일을 계기로 '살아간다는 것이 실은 괴로움이구나' 깨닫게 된 상태입니다.

복통에 시달리는 사람은 병원을 찾아갑니다. 그러면 의사가 여러 검사를 하며, 예를 들어 "아, 이 증세는 맹장염이네요"라고 복통의 원인을 찾아줍니다. 이것이 '집제'입니다. '괴로움의 원인은 자기 내부에 있는 번뇌다'라는 것을 알려주는 것입니다. 복통의 원인을 알았다면 다음으로 그것을 치료할 방법을 생각합니다. "수술을 하는 것이 좋겠네요"라는 식으로 상태에 맞는 치료 방법을 정확히 알려줍니다. 이것이 '멸제'입니다. '번뇌라는 원인을 없애면 괴로움도 반드시 사라진다'고 치료 방법이 정해지는 것입니다. 그리고 마지막으로 실제의 수술, 치료 행위를 하는 것으로, 이것이 '도제' 즉 팔정도를 실천하는 단계입니다. 팔정도로 번뇌를 점차 없애 최종적으로 복통을 치료한다는 실행 단계를 말합니다. 팔정도를 정리해서 말하면 '바른 견해'를 지니며 하루하루를 성실하게 살아가는 것입니다. 그렇게 한다면 반드시 번뇌를 없앨 수 있다는 것입니다.

이 팔정도에서 '정正'의 의미가 무엇보다 중요합니다. 팔정도는 깨달음을 향해가는 길이기에, 이 '정'이란 '바른 깨달음을 향해 간다'는 의미로 세속적인 기준의 바른 것과는 근본적으로 다릅니다. 일반사회에서 말하는 바름이 아니라 보다 높은 차원의 바름이기에, 그 최종 목적지는 세속적인 인격 완성이 아닌 완전히 업의 힘이 사라지고 새로운 고통이 생겨나지 않는 상태, 즉 열반입니다.

아무리 세속적으로 착한 일이라고 불리는 행위라도 그것이 업의 세계에서 벗어나는 결과로 이어지지 않는다면 참된 바른 행위가 아닙니다. 이는 새로운 인터넷의 업에도 적용될 수 있습니다.

인터넷 카르마에서 얽히고설켜 그 괴로움에서 벗어나고 싶다고 생각하는 사람에게는 인터넷의 괴로움에서 벗어난다는 최종 목표가 있기에 그 실현을 위해서 나아가는 방향이 '바른 길'입니다. 사회적 윤리관에서 바르다고 하는 것이라도 그것이 인터넷 카르마를 더욱 심하게 만드는 결과로 이어진다면 바른 길이라고 할 수 없습니다.

예를 들어 인터넷에서 다른 사람에게 심한 폭언과 욕설을 한 사람이 있다고 합시다. 여러분은 정의감에서 이것을 간과해서는 안 된다고 결심할 것입니다. 처음에는 친절하고 적절한 표현으로 이야기했습니다. 그런데 상대가 전혀 반성의 기미를 보이지 않습니다. 그런 모습을 보고 만약 여러분이 '무슨 일이 있어도 가만두지 않겠다'고 생각해 점차 공격적으로 변하며 상대와 마찬가지로 욕설을 퍼붓는다면 이미 여러분은 바르지 못한 길에 들어서버린 것입니다.

혹시 다른 사람들이 여러분의 정의감이나 도덕심을 칭찬하며 공감을 표할지도 모릅니다. "올바른 일을 했다"고 인정해줄지도 모릅니다. 그러나 그것은 불교적으로는 전혀 바르지 못한 행위입니다. 팔정도에서 말하는 '정'이 아닙니다.

이 '정'이라는 것은 세상을 바른 방향으로 이끌어준다든가, 혹은 주변 사람들을 행복하게 해준다는 식의 이야기가 아닙니다. 어디까지나 '자신이 궁극적 평안함에 도달할 수 있는가' 그 점을 기준으로 하는 '정'입니다.

그런 바름은 사회적으로 아무 도움이 안 된다고 하실지도 모르겠지만, 사실은 그렇지 않습니다. 바른 방향을 향해 노력하며 나아가는 여러분의 뒷모습이 다음 사람들을 이끌어주어 그 사람들도 함께 평안함의 길을 걸어갈 수 있다는 점에서 충분히 사회에 공헌하는 것입니다. 이것이 붓다가 말씀하신 '이타利他'의 참된 의미입니다. 굳이 남을 돕는 일을 의도하지 않아도 바른 길을 실천하는 모습을 세상에 보여주는 그 자체가 사람들을 구하는 행위가 될 수도 있다는 것입니다.

앞서 예로 들은 다른 사람에게 폭언과 욕설을 한 사람이 있는 경우 어떻게 하면 되는가가 문제입니다만, 그 사람과 정면으로 맞서 같이 싸우면 자신도 악업의 세계에 끌려 들어갈 위험이 있습니다. 그래서는 바르게 살아가려는 목적인 참된 평안함을 얻을 수 없습니다. 그렇기에 그런 경우 가장 적절한 방법은 가해자를 제압하는 것이 아니라 피해자에 대해서 공감을 나타내고 그 몸과 마음의 상처를 조금이라도 치료하기 위한 도움을 주는 것입니다. 이렇게 한다면 '바름'에서 벗어나는 일 없이 사람을 도울 수 있습니다. 이러한 다른 사람에 대한 공감으로 힘이 되어주려는 마음을 불교에서는 '자비'라고 합니다.

인터넷 사회에서 '팔정도'가 구체적으로 어떠한 활동을 의미하는지 아직 그 전체적인 모습이 명확하게 보이지 않습니다만, 적어도 '인터넷에서 받는 괴로움을 없앨 수 있는 모든 방법을 생각하고 실천하는 것'과 '자비의 마음으로 인터넷에서 괴로움을 받는 사람들에게 도움을 주는 것' 이렇게 두 가지는 확실할 겁니다.

지금의 상황을 보면 인터넷이 새로운 고통이라는 것을 아직까지도 인식조차 못하고 있는 듯합니다. 일부 사람들은 깨닫기 시작했는지 모르겠으나, 대부분 사람들은 '편리', '즐거움'이라는 면에만 치우쳐 보고 있습니다. 붓다의 생애에서 말하자면, 인생의 괴로움을 처음으로 알게 된 '사문유관四門遊觀'의 단계에도 아직 이르지 못한 상태라고 볼 수 있습니다.

앞으로도 인터넷의 괴로움은 점차 커져서 언젠가 우리 몸으로 실감하는 날이 찾아올 것입니다. 그때가 되면 비로소 새로운 팔정도의 모습도 구체적으로 보일 것입니다.

태어남에 의해 천한 사람이 되는 것이 아니다.
태어남에 의해 바라문이 되는 것이 아니다.
행위에 의해 천한 사람이 되고
행위에 의해 바라문이 된다.

《숫타니파타》 제1-142

태어남에 천한 사람은 없다

왕자로 태어난 붓다 주위에는 고귀한 신분이나 사회적 지위가 높은 사람들이 가득했을 것입니다. 그러한 사람들 속에서 자라났으나 붓다는 '사람의 가치는 태생이나 혈통이 아닌 그 사람이 무엇을 하고, 또한 무엇을 하지 않았는가'로 정해진다는 점에 눈떴습니다. 붓다만의 혜안입니다. 그리고 이 생각이 그 후 불교의 기본 가치관이 됩니다.

그러나 반대로 실제 인간 사회를 살펴보면 많은 사람들이 행동의 내용보다 상대의 직위나 신분에 끌려가는 일이 많습니다. 그리고 보다 그럴 듯하게 말하는 사람의 의견을 그대로 믿고 그 주변에 모여 집단을 이루기도 합니다. 인터넷 세계에서는 특히 이러한 경향이 현저해서 파워블로거나 인플루언서 등이 말하는 아무 내용 없는 의견이나 혹은 잘못된 견해라도 금세 믿고 퍼뜨리고는 합니다.

누구나 가볍게 의견을 말할 수 있는 시대이기에 더욱 그 본질을 정확하게 바라보지 않으면 안 되는 것이나, 어찌하다보니 말하는 사람의 지위나 유명세에 눈이 가서 그만 끌려가버립니다. 그러나 그러한 요소들은 붓다가 말하는 태생이나 환경과 똑같은 것으로서 외면을 바꾸는 행위와는 아무 관계도 없는 이름표에 지나지 않습니다. 신분이나 이름표로 발언의 정당성이 결정되지 않는다는 것을 우리는 확실하게 머릿속에 새겨두어야만 합니다.

아무리 유명한 사람이 말한 것이나 아무리 훌륭하게 쓰여진 기사라도 그것을 그대로 받아들이는 일 없이 합리적인 말과 불합리한 말을 명확하게 구분할 수 있는 감성과 지성을 키우는 것이 중요합니다. 그리고 그런 감성과 지성을 키워주는 것은 인터넷의 단편적인 정보가 아니라 체계적인 사상이나 학문, 그리고 실제 사회에서의 경험입니다.

부끄럽지 않은 것을 부끄러워하고
부끄러운 것을 부끄러워하지 않는다.
그런 사람들은 잘못된 견해를 지닌 채로
불행한 장소로 나아가게 된다.

두려워하지 않아도 될 것을 두려워하고
두려워해야 할 것을 두려워하지 않는다.
그런 사람들은 잘못된 견해를 지닌 채로
불행한 장소로 나아가게 된다.

《담마빠다》 316-317

부끄럽지 않은 것을 부끄러워하고

인간의 가치는 그 행위로 결정된다. 이것만이 진실이건만 우리는 실로 잘못된 것을 부끄러워하고 두려워합니다. 유명대학을 나와 대기업에 들어가지 못하면 부끄러운 일이지 않나? 고가의 옷이나 명품을 몸에 두르고 있지 않으면 날 무시하지 않을까? 부인이 직장생활을 하면 남자로써 체면이 떨어지는 게 아닐까? 아이를 낳지 않으면 여성으로써 가치가 없는 것이 아닐까?

모두 아무 의미도 없는 허망한 말과 생각뿐입니다. 독자 여러분들도 당연히 동감하실 겁니다. "바보 같은 생각하지 말라"며 웃음만 나올 겁니다. 이런 이성적인 판단력을 갖고 있을 것이 분명한데도 때때로 우리는 주변의 분위기와 상황에 휩쓸려 어리석은 생각을 하게 됩니다. 그것이 무서운 점입니다.

그것을 상징하는 듯한 흥미로운 이야기를 전해들은 것이 있어서 소개하겠습니다. 여성잡지에 실렸던 기사입니다. 어떤 주부가 고급 프랑스 레스토랑에 갔습니다. 인기 많은 멋진 친구와 함께 점심을 먹고 있는 사진을 SNS에 올리며 "요즘 '좋아요'가 적어져서 오늘은 고급 레스토랑에서 식사한 사진을 업로드!"라는 글을 함께 적었습니다.

SNS에서 '좋아요'를 받고 싶다, 즉 자신의 작은 관심 욕구를 채우기 위해 일부러 친구를 초대해 좋은 레스토랑에서 식사를 한 것입니다. 멋진 친구와 함께 시간을 보낸 것은 '좋아요'를 받기 위해서이며, 고급 레스토랑을 선택한 것도 '좋아요'를 받기 위해서입니다. 이 사람에게 중요한 목적은 '좋아요'를 받는 것입니다. 그렇다면 그것을 얻기 위한 과정들은 전부 도구에 지나지 않는 것인가요? 편한 옷을 입고 가족과 함께 즐겁게 밥을 먹는 시간이 여유롭고 행복한 시간일지라도 그것이 '좋아요'로 이어지지 않는다면 그건 가치가 떨어지는 것인가요?

이 사람의 마음이 이해는 됩니다. 누구라도 사람들로부터 칭찬을 받으면 즐거워지기에 그것을 위해 노력하는 것이 당연해 보이기도 합니다. 그러나 사람들에게 과시하며 칭찬받는 것만이 가치의 기준이라면 훨씬 소중한 것들을 점차 잃어가게 됩니다. 무엇을 잃게 되는가 하면, 그 사람이 자신을 통해 만들어내는 자신만의 가치관입니다. 멋지고 새로운 것을 자신의 감각으로 찾아내 조심스레 SNS에 올린다면 그 개성 덕분에 관심을 얻고 저절로 '좋아요'를 받게 됩니다. 그러나 처음부터 '좋아요'를 받을 목적으로 주위 사람들의 가치관을 파악해 그것에 맞춰 사진을 올리고, '좋아요'를 받고 관심을 얻어서 그걸 다시 주변에 자랑한다면 이것은 참으로 부끄러운 모습입니다. 즉 이것이 부끄러워하지 않아도 될 것을 부끄러워하고, 부끄러워해야 할 것을 부끄러워하지 않는 것입니다.

　우리는 조금이라도 방심하면 본말이 전도되고 이유와 결과가 뒤바뀐 비뚤어진 사고에 사로잡혀버립니다. "바르고, 객관적이고, 합리적으로 생각하라"는 자세가 결과로써 마음의 평안으로 이어지는 것입니다.

참된 깨달음을
얻은 자의
가르침

지금까지 인터넷 사회와 맞서기 위해 필요하다고 생각되는 붓다의 가르침을 엄선해 소개하였습니다. 조금이나마 도움이 되는 부분이 있으셨는지요?

이 책을 통해 처음으로 붓다의 가르침을 접하는 분들은 그 합리성과 보편성에 놀라셨을 수도 있습니다. 붓다의 가르침이 수천 년을 넘어 지금까지 이어올 수 있었던 것은 결코 우연이 아닙니다. 그만큼의 무게와 가치가 있었기 때문입니다. 이 책에서 소개해드린 것들은 정말 일부분에 지나지 않습니다. 혹시 이 책이 계기가 되어 붓다의 사상에 흥미를 가지게 되셨다면, 붓다의 사상을 더욱 깊이 느껴볼 수 있는 초기불교의 가르침을 접해보시길 추천해드립니다. 분명 상상 이상으로 현대에 걸맞은 가르침이 있다는 것에 매우 놀라실 겁니다.

그리고 이미 붓다의 가르침을 배웠던 분들이라면 21세기의 새로운 업에 대처하기 위한 방편으로 불교를 다시금 접하면 좋겠습니다. 분명 새로운 발견과 깨달음이 있을 겁니다. 참된 깨달음을 얻은 자의 가르침이란 시대와 사회의 차이를 넘어 모두의 마음에 울림을 전합니다.

지은이 후기

4장에 걸쳐 새롭게 펼쳐지는 인터넷 시대에서 평안한 삶을 살아가기 위한 지침을 붓다의 가르침에 의지하여 이야기해봤습니다. 아직 발전하는 도중이기에 그 실태를 정확하게 파악할 수 없는 인터넷 사회이지만, 강력한 편리성의 뒷면에 무서운 그림자가 감춰져 있는 것만은 확실합니다. 머지않아 AI가 보편화되기 시작하면 편리성과 위험성의 양면이 한층 강화되어 점차 사람들 마음에 깊은 영향을 주게 될 것도 틀림없는 사실입니다.

앞으로 인터넷이 우리를 어느 정도의 행복으로 이끌어가고, 어느 정도의 고통을 주게 될 것인지 지금의 저로서는 도저히 가늠할 수 없지만, 어찌되었건 인터넷의 무서움의 본질이 업의 작용에 있다는 것만큼은 확실하게 이야기할 수 있습니다. 그렇기에 거기에 빠져들지 않도록, 그리고 만에 하나 빠져들게 되었다 하더라도 그 속에서 절망하지 않고 새로운 삶의 방법을 찾아낼 수 있는 인터넷 카르마에 대한 대비책이라는 의미로 이 책을 썼습니다.

인터넷 카르마에 대한 구체적인 대처 방법이 진지하게 의논되는 일은 아직까지는 앞으로의 과제입니다. 예상 밖의 현상들이 일어나고 그에 대응하는 각각의 대처 방법들이 고안될 것입니다. 그러나 어떤 사태에 이르더라도 최종적으로 지향해야 할 목표는 한 사람 한 사람의 마음의 평안함이며, 그리고 그것을 가능하게 하는 것은 그 사람의 마음가짐이고 세계관입니다. 그렇기에 "자기 자신을 바꾸라"는 붓다의 가르침이 더욱 힘을 발휘하게 된다고 저는 생각합니다.

새로운 시대의 인터넷에 대한 이야기에 불교라는 2,500년이나 지난 종교를 가지고 이야기하는 것에 다소 위화감을 느끼는 독자분도 있을 겁니다. "이 정도로 인간 사회를 편리하게 만들어주는 인터넷에 대해 이러쿵저러쿵 나쁘게 들먹이지 말라"고 화를 내시는 분도 계실지 모릅니다. 그런 분들에게는 "아무쪼록 이 책에 대해서는 무시하고 본인의 의지대로 살아가주십시오"라고밖에 말씀드릴 수 없습니다.

저는 이 책을 "인터넷이 없었다면 보다 안락하게 살아갈 수 있었을 텐데, 어쩌다보니 인터넷 시대에 태어나서 무거운 짐을 짊어지게 되었다"고 생각하시는 분들을 위해 쓰게 되었습니다. 그렇기에 그러한 사람이 단 한 분이라도 "이 책이 자신의 세계관을 바꾸는 데 도움이 되었다"고 이야기해주신다면 그것으로 이 책을 쓴 목적을 충분히 달성했다고 생각합니다.

그러한 분이 계실지 어떨지 모르겠으나, 어쨌든 제가 그러한 마음으로 불교학자라는 본분을 넘어 이 책을 썼다는 점을 이해해주셨으면 합니다. 새로운 시대의 모든 사람들이 보다 밝고 환한 세계로 나아가기를 마음 깊이 발원합니다.

역자 후기

우리나라는 전 세계 어느 나라보다 정보기술의 발전이 빠른 곳입니다. 하루가 다르게 새로운 스마트폰이 생겨나고, 다양한 SNS와 유튜브를 일상에서 활용합니다. 그 빠른 변화의 속도에 자칫 적응이 늦어지기라도 하면 금세 뒤처져버립니다. 제가 유학을 떠났던 2011년만 하더라도 스마트폰이라는 것이 보급되기 전이었으나 학위를 마치고 돌아온 2017년의 우리나라는 전혀 다른 곳이 되어있었습니다. 일본도 정보기술에 민감한 곳이지만 우리나라만큼의 눈부신 성장과 변화는 볼 수 없었습니다.

전혀 다른 모습이 된 우리나라에 되돌아와서 가장 힘들었던 점도 바로 이 변화의 속도에 적응하는 것이었습니다. 그 전에는 전화로 연락하던 것이 지금은 어플리케이션의 메시지나 DM(Direct Message) 등으로 바뀌었고, 사람들과 이야기 나누던 우리의 일상도 SNS 속에서 '소통'이라는 표현으로 이루어지는 것을 보며 그 변화에 적응하기가 힘들었습니다. 그러나 이러한 것들이 결코 나쁘게 만은 보이지 않았습니다. 새로운 시대가 다가왔고, 그 안에서 우리의 삶을 보다 행복하게 만들어줄 무언가가 분명히 존재할 것이라고 생각했습니다.

놀라울 정도의 인터넷 속도와 보급, 어디서든 정보를 찾아볼 수 있는 어플, 더 이상 하염없이 버스를 기다릴 필요도 없이 위치정보를 통해 도착시간을 알려주는 기능 등 우리 일상 속의 너무나 많은 것들이 이러한 정보기술의 변화로 인해 편리해졌습니다. 저 역시도 이러한 것들에 정말 감사하며 오늘도 어제보다 편안한 생활을 영위하고 있습니다.

그러나 이러한 편리함의 이면에는 미처 우리가 생각지도 못했던 어려움과 고통도 존재했습니다. 빠른 인터넷 탓에 모두가 더 급해졌고, 어디서든 정보를 알 수 있기에 불필요한 것까지 신경 쓰게 되었고, 위치정보를 통해 사람을 감시하고 의심하기까지 하는 일도 벌어지게 된 것입니다. 그리고 나와 무관한 사람들을 단지 심심풀이나 질투심으로 인터넷 안에서 괴롭히는 일까지 벌어지고 있습니다.

더 심각한 문제는 바로 이러한 일들이 실제 삶과 동떨어진 인터넷이라는 가상의 공간을 거쳐 발생하기에 사람들이 피부로 실감하는 감정이 다소 약해져있다는 것입니다. 더 이상 인터넷은 가상공간이 아닌 우리의 실제 삶과 공존합니다. 그 안에서 누군가를 괴롭히는 것은 실제 사회에서도 범죄가 되며, 누군가를 몰래 조사하거나 훔쳐보는 일들도 사회법의 처벌을 받는 행위입니다. 하지만 아직까지도 이러한 인터넷에서의 행동이 실제 삶과는 동떨어진 것으로 생각하는 사람들이 제 주변에도 상당히 많습니다.

그러나 신문이나 뉴스를 통해서도 알 수 있듯이 연예인이나 스포츠선수 등의 유명인들이 철없던 시절에 저지른 잘못과 실수가 불현듯 다시 떠오르며 현재의 삶에 큰 영향을 주어 출연 중이던 영화나 프로그램에서 하차하거나, 자신의 분야에서 퇴출당하는 일까지 벌어지고 있습니다. 더 나아가 본래 저질렀던 그 잘못이 현재에 와서는 사건으로까지 커지며 가해자였던 자신이 다시 피해자가 되어 더 큰 괴로움과 벗어날 수 없는 족쇄를 받고 극단적인 선택으로까지 이어지는 경우도 이젠 낯설지 않게 접할 수 있습니다.

이러한 고민을 안고 있던 중 지도교수이신 사사키 시즈카 선생님께서 그동안 저와 이야기 나누던 인터넷 세상에서의 불교의 역할에 대한 책을 출판하셨다는 소식을 듣고 곧바로 번역출판의 뜻을 말씀드렸습니다. 교수님께서도 흔쾌히 허락을 해주셨고, 그 사이에 보다 발전된 정보기술에 대한 내용 수정까지도 허락해주셔서 이 책을 우리나라의 실정에 맞게 보완할 수 있었습니다.

불교는 삶의 종교입니다. 일상의 곳곳에 불교의 수행이 담겨져 있고, 우리의 행동과 말과 생각 속에 바로 부처님의 가르침이 펼쳐질 수 있습니다. 그런 불교의 가르침이 이제 또 다른 삶의 장소인 인터넷 속에서도 실천되어야 합니다. 부처님께서 깨달으신 연기법은 사람과 사람이 화합하고 다시 사람과 자연이 어우러져 사는 삶 그 자체입니다. 그렇기에 인터넷이라는 공간 속에서도 우리가 서로의 의지처가 되어주고 그 공간과 조화를 이루며 살아가야 합니다.

그러나 현실은 다릅니다. 누군가를 이유없이 괴롭혀 자살에까지 이르게 하거나, 다시는 사회로 복귀할 수 없을 정도로 괴롭히기도 합니다. 이런 극단적인 일까지 생겨나는 가장 중요한 원인은 어쩌면 그 인터넷 속의 자신은 실제의 모습이 아니라고 착각하기 때문일 것입니다. 하지만 이 책에서도 말하듯 우리가 하는 모든 행동은 전부 우리가 저지른 것입니다. 그리고 그 행동에 따른 과보도 다른 누군가가 아닌 바로 우리가 받게 되는 것입니다. 그렇기에 더 이상 인터넷에서 벌어지는 일들에 대해 나만 아니면 된다는 식의 생각은 매우 위험합니다. 언제 어느 때 그 불길이 바로 우리 자신까지도 집어삼켜버릴지 모릅니다.

이러한 인터넷의 발전 속에 지금이라도 우리가 바르게 행동하고 말하고 생각할 수 있는 토대가 마련되었으면 하는 생각에 번역출판하였습니다. 이 책을 통해 많은 분들이 지금의 어려움에서 벗어나 보다 행복해지고 각자의 바라는 삶으로 나아가길 두 손 모아 발원합니다.

끝으로 부족한 상좌를 물심양면으로 지원해주시는 은사 일면 대종사님과 문도스님들께 감사드립니다. 그리고 원만히 유학을 마치고 해인사승가대학에서 후배스님들과 함께 행복한 수행정진을 이어갈 수 있도록 항상 곁에서 지도와 성원해주시는 해인사 방장스님과 주지스님, 종묵 스님, 본해 스님, 학장 보일 스님, 해인사

선후배 스님들과 51기 도반스님들, 보행 스님, 자연심 보살님과 수많은 인연들에게 깊은 감사드립니다. 또한 첫 출판이었던 《과학의 불교》 때부터 아무것도 내세울 것 없던 저를 믿고 언제나 큰 의지처가 되어주신 모과나무 출판사와 남배현 대표님, 모지희 본부장님, 박석동 편집장님의 정성과 배려에 다시금 감사드립니다.

앞으로도 많은 인연들에게 부끄럽지 않고 게으르지 않은 출가자가 될 수 있도록 하심하며 정진하겠습니다.

해인총림 해인사승가대학 학감
법장 합장